RECHT UND GESETZE

EINFACH VERSTEHEN!

Text:
Rose Hall und
Lara Bryan

Illustrationen:
Miguel Bustos
und Anna Wray

Rechtsexperten:
Natasha Jackson und Will Martin

Gestaltung: Freya Harrison

Inhalt

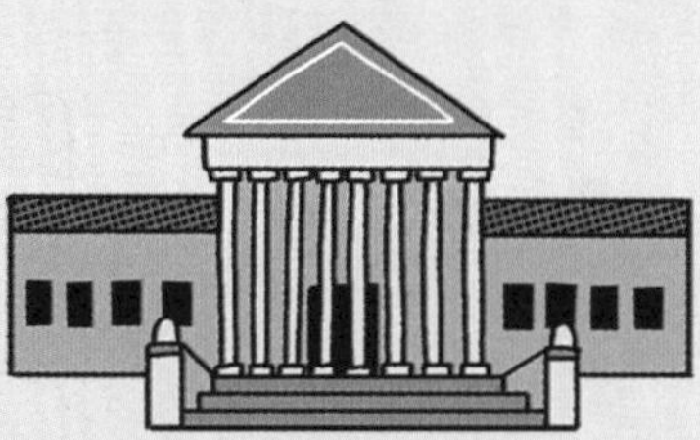

Was ist ein Gesetz?

Als **Gesetz** – oder das Gesetz – bezeichnet man Vorschriften, die das Verhalten der Menschen innerhalb einer größeren Gruppe regeln. Meist gelten Gesetze für ein ganzes Land. Sie sind ein bisschen wie die **Regeln** in einer Familie oder Schule, aber weitreichender und offizieller.

Eine Regel bei Familie Lok lautet:
Wir schreien uns nicht an.

In der Tiefentaler Schule gilt:
Wir rennen nicht in den Gängen.

Das Anschreien oder Rennen verstößt vielleicht gegen die *Regeln*, nicht jedoch gegen das *Gesetz*, die folgenden Beispiele in der Regel aber schon:

DAS GESETZ
Du darfst niemanden schlagen – außer es ist absolut notwendig, um dich selbst zu verteidigen.
Du darfst nichts wegnehmen, was einer anderen Person gehört, es sei denn, sie hat es dir erlaubt.
Du darfst beim Autofahren die Höchstgeschwindigkeit nicht überschreiten.

Manchmal stellt die einflussreichste Person in einer Gruppe die Regeln auf, doch meistens werden sie in einem sorgfältigen Verfahren gemeinsam vereinbart.

Familie Lok legt ihre Regeln im Familienrat fest.
Ich möchte die neue Regel vorschlagen, dass nach 21 Uhr keine laute Musik mehr gespielt wird.
WAS?! Das ist nicht fair!
Du kannst nach neun Uhr doch einfach deine Kopfhörer aufsetzen, mein Schatz.
Prima Idee! Bei Unas Musik konnte ich sowieso nie schlafen.
Hm. Ok, einverstanden.

Das Verfahren zur Einführung neuer Gesetze ist etwas komplizierter. Gesetze werden von Menschen erlassen, die ein Land führen, in der Regel von Politikern.

Ich bin Bundestagsabgeordnete und fordere, dass Neuwagen per Gesetz einen Elektromotor haben müssen.

Damit Regeln und Gesetze eingehalten werden, muss jeder, der gegen sie verstößt, bestimmte Konsequenzen tragen. In der Tiefentaler Schule funktioniert das so:

Lehrerin
Juan! Das ist die letzte Verwarnung. Wenn du noch einmal durch die Gänge rennst, musst du nachsitzen.
Tschuldigung!
Später am selben Tag ...
Du bist schon wieder gerannt, Juan! Eine Stunde Nachsitzen!
Oh nein. Dann kann ich nicht zur Theater-AG gehen.

Die Konsequenzen bei Verstößen gegen Gesetze sind schlimmer als Nachsitzen. Die Schuldigen werden zu einer **Strafe** verurteilt, zum Beispiel:

Geldbußen (Geldzahlungen an den Staat)

BUSSGELD-
BESCHEID

Gefängnisstrafen

soziale Dienste (unbezahlte Arbeit zum Nutzen der Gesellschaft)

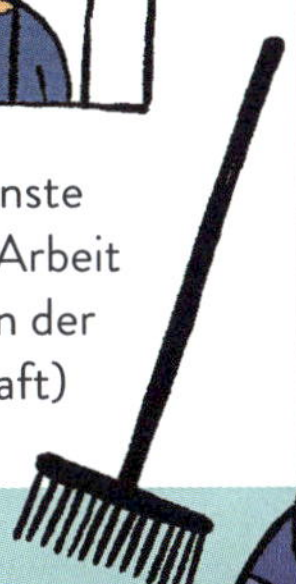

Polizisten, Richter und andere Amtspersonen können Bußgelder oder Strafen verhängen, wenn jemand gegen das Gesetz verstößt.

Sie müssen ein Bußgeld zahlen. Sie sind VIEL schneller gefahren als erlaubt.
Polizist

Warum brauchen wir Gesetze?

Gesetze sorgen dafür, dass Menschen sicher und friedlich in größeren Gruppen miteinander leben können, ohne sich übermäßig zu streiten oder gegenseitig zu belästigen. Das geht so:

Gesetze schützen uns

Gesetze zu Gewalt, gefährlichen Hunden und kaputten Fußwegen sind für die Sicherheit der Menschen da.

Das darfst du nicht! Das ist Körperverletzung!
Wenn Sie Ihre Hunde nicht im Griff haben, wird ein Bußgeld fällig!
WUFF! WUFF! WUFF! WUFF!

Ich bin über diesen kaputten Pflasterstein gestolpert. Die Stadt hätte das reparieren müssen.

Gesetze sorgen für faire Lösungen

In schwierigen Situationen schreibt das Gesetz vor, wie man einen Streit beilegen kann, ohne handgreiflich zu werden.

Rafi
Das ist MEIN Fahrrad! Es wurde gestern gestohlen.
Marie
Das stimmt nicht. Es gehört MIR! Ich habe es heute Morgen von jemandem gekauft.

Wenn Rafi beweisen kann, dass das Fahrrad ihm gehört, muss Marie es zurückgeben. So schreibt es das Gesetz vor.

Gesetze regeln Freiheit und Sicherheit

In den meisten Ländern ist es gesetzlich erlaubt, die eigene Meinung öffentlich zu äußern und gegen etwas zu protestieren oder zu demonstrieren. Diese Freiheit gehört zu unseren gesetzlich verankerten **Rechten** (mehr dazu im 5. Kapitel).

Wir dürfen jedoch nicht *alles* sagen, was wir wollen. Es ist zum Beispiel fast überall untersagt, etwas zu äußern, das andere dazu ermutigt, jemanden zu verletzen.

JOGHURT SCHMECKT BESSER ALS EIS
Das finde ich nicht, aber das ist Geschmackssache.
JOHNNY STINKT!
PRÜGEL FÜR JOHNNY!
Du bist vorläufig festgenommen, weil du zur Gewalt aufforderst!

Gesetze stellen sicher, dass Versprechen eingehalten werden

Verträge sind formelle Vereinbarungen, meist in schriftlicher Form. Sie legen genau fest, was von einer Person erwartet wird und was passiert, wenn sie den Vertrag bricht.

VERTRAG
Was soll das?! Ich hatte einen AKROBATEN für das heutige Fest gebucht, keinen Hampelmann im Bananenkostüm!
So war es im Vertrag vereinbart. Ich will mein Geld zurück!
TANZENDE BANANE

Wie funktionieren Gesetze?

Gesetze sind dazu da, Probleme auf möglichst gerechte Weise zu lösen – egal, ob es sich um eine kleine Streiterei oder um einen Mord handelt. Das Prinzip von Gesetzen gibt es schon seit Tausenden von Jahren.

Vor Gericht ziehen

Wenn es nicht gelingt, einen Streit beizulegen, kann man das Problem vor **Gericht** bringen. Der Begriff bezeichnet die *Personen*, die über die Anwendung der Gesetze entscheiden, und den *Ort*, an dem sie sich treffen. Gerichte gab es schon vor rund 5000 Jahren im alten Ägypten.

Ich war es nicht!
Mein Kumpel sagt, dass du es getan hast, also musst du dafür büßen!
Warum legt ihr den Fall mit allen Beweisen nicht dem Gericht vor? Dann kann es entscheiden, wer nach dem Gesetz der Schuldige ist.

Gesetze schreiben

Wenn Gesetze niedergeschrieben sind, können Menschen nur schwer ihre eigenen Regeln aufstellen. Die ältesten aufgezeichneten Gesetze wurden in Mesopotamien (im heutigen Irak) gefunden und sind 4000 Jahre alt.

Ich verhafte dich für schaurigen Gesang!
Das darfst du nicht. Ich verstoße nicht gegen diese Gesetze hier.

Sich einen Anwalt nehmen

Es ist schwierig, alle Gesetze und Gerichtsbeschlüsse zu kennen. Dafür gibt es Rechtsanwälte. Sie beraten Menschen und vertreten sie vor Gericht. Die ersten Anwälte gab es bereits vor 2000 Jahren im alten Rom.

Actus me invito pactus, non es meus actus.
??
Er sagt, wenn du dazu gezwungen wurdest, etwas zu tun, dann bist du nicht schuldig.

Beweise finden

Ein Gericht kann nicht einfach *entscheiden*, dass jemand schuldig ist. Dafür braucht es **Beweise**, die die Schuld belegen – und diese müssen von der Staatsanwaltschaft vorgelegt werden. Dahinter steckt die „Unschuldsvermutung". Sie besagt, dass jemand so lange unschuldig ist, bis seine Schuld bewiesen ist.

STRAFE FÜR URINIEREN: 1 MÜNZE
Du hast ins Wasser gepinkelt!
Beweise es!

Gerecht richten

Die Personen, die einem Gericht vorsitzen und dafür sorgen, dass ein Fall den Gesetzen entsprechend behandelt wird, sind die **Richter**. Sie dürfen sich bei dieser Aufgabe nicht von Geld oder mächtigen Leuten beeinflussen lassen.

Psst!
Lalala!
£

In Großbritannien konnten Könige und Königinnen bis zum 18. Jahrhundert Richter entlassen, mit denen sie nicht zufrieden waren.

Gerechtigkeit

All diese Maßnahmen – wie Gerichte anrufen, Gesetze schreiben oder Beweise finden – dienen dazu, **Gerechtigkeit** walten zu lassen.

Die Abbildung rechts zeigt die Göttin Justitia. Seit vielen Jahrhunderten ist sie ein Symbol für ausgleichende Gerechtigkeit:

- Die Augenbinde steht dafür, dass alle Menschen vor dem Gesetz gleich behandelt werden müssen, egal, ob sie reich oder arm, mächtig oder schwach sind.
- Die Waage symbolisiert, dass die Beweise auf beiden Seiten gerecht abgewogen werden müssen.
- Das Schwert zeigt, dass das Gesetz bestrafen und beschützen kann.

Waage

Recht und Unrecht

Es ist eine weitverbreitete Meinung, dass Gesetze auf einem grundlegenden Gefühl von Recht und Unrecht – oder von **Moral** und **Unmoral** – basieren. Die Frage, was richtig und was falsch ist, lässt sich aber oft nicht so einfach klären. Die folgenden Handlungen sind oder waren gesetzlich verboten. Sind sie deswegen alle *unmoralisch*?

Die meisten Menschen stimmen beispielsweise darin überein, dass Diebstahl oder Mord unmoralisch sind und daher verboten sein sollten. Andere ungesetzliche Handlungen sind jedoch nicht unbedingt unmoralisch. Es gibt verschiedene Gründe dafür, warum etwas rechtswidrig sein kann.

Manches ist vielleicht gegen das Gesetz, nur weil eine Person mit entsprechender *Macht* es so will.

Im 16. Jahrhundert erließ die englische Königin Elisabeth I. das Gesetz, dass nur Adelige violette Kleidung tragen durften.

Manches ist rechtswidrig, weil es *unpraktisch* ist. Wenn ein Auto falsch parkt, ist das in der Regel nicht unmoralisch. Es ist nur ärgerlich.

PARKEN VERBOTEN

Manche Gesetze gehen auf *Traditionen* oder Sitten und Gebräuche zurück, die schon seit Langem befolgt werden. Im Christentum ist der Sonntag ein Tag der Ruhe – deshalb ist es mancherorts auch heute noch verboten, sonntags die Geschäfte zu öffnen.

In der jüdischen Tradition ist der Samstag der Tag der Ruhe.
GESCHLOSSEN

Vielleicht bist du mit manchem nicht einverstanden. Gesetze sind nicht international gültig. Was in einem Land illegal ist, mag in einem anderen völlig in Ordnung sein.

Wenn aus Unrecht Recht wird

Was als richtig und was als falsch betrachtet wird, kann sich mit der Zeit ändern. Folglich ändern sich auch die Gesetze.

Vor fünfzig Jahren wäre es für mich verboten gewesen, ohne Erlaubnis meines Ehemanns zu arbeiten.

Ein Gesetz, nach dem Frauen in Spanien die Erlaubnis ihres Ehemanns brauchten, um arbeiten zu gehen oder Besitz zu erwerben, wurde erst in den 1970ern abgeschafft.

Ich, Kuan-lin, nehme dich, Pai-han, zu meinem rechtmäßig angetrauten Ehemann.

Seit 2019 ermöglicht ein Gesetz in Taiwan, dass gleichgeschlechtliche Paare – zwei Männer oder zwei Frauen – heiraten können.

Es kann lange dauern, die Verantwortlichen von neuen Gesetzen oder von Gesetzesänderungen zu überzeugen. Wie das abläuft, erfährst du im 3. Kapitel.

Nicht bloß Schwarz und Weiß

Es mag sich einfach anhören, Vergehen wie Diebstahl gesetzlich zu verbieten. Menschen nehmen jedoch in verschiedenen Situationen Dinge an sich, die ihnen nicht gehören. Gesetze müssen deshalb so formuliert sein, dass sie die unterschiedlichsten Fälle berücksichtigen. Dazu ein Beispiel:

Auf die Worte kommt es an

Gesetzestexte sind mitunter schwer verständlich und hören sich so an, als spräche ein Roboter. Das liegt daran, dass die Formulierungen eindeutig ausdrücken müssen, was erlaubt und was verboten ist. Im deutschen Strafrecht wird „Diebstahl" so definiert:

Diebstahl ist die Wegnahme einer fremden beweglichen Sache in der Absicht rechtswidriger Zueignung.

Verstehst du auch nur Bahnhof? Keine Sorge, du bist nicht allein.

„Wegnahme" bedeutet hier, dass einer Person etwas gegen ihren Willen oder ohne ihr Wissen weggenommen wird.

Du kannst also nicht einfach ein Skateboard aus der Garage deines Freundes holen. Das ist Diebstahl.

Pit hat sicher nichts dagegen …

Wenn du jedoch beweisen kannst, dass du es nicht behalten wolltest oder dass dein Freund dir die Erlaubnis gegeben hat, es zu nehmen, dann ist das kein Diebstahl.

Kann ich mir morgen dein Skateboard leihen?
Klaro! Ist in der Garage. Nimm's dir einfach.

„... in der Absicht rechtswidriger Zueignung“ bedeutet, dass der Dieb nicht vorhat, die Sache zurückzugeben.

Eine ähnliche Formulierung im britischen Strafrecht spielte einmal in den 1960er-Jahren in England eine wichtige Rolle, als ein Mann ein Gemälde aus der National Gallery in London stahl.

Der Mann wollte die Galerie mit dem Diebstahl dazu bringen, Geld an eine Wohltätigkeitsorganisation zu spenden.

SPENDEN SIE 140 000 £ UND SIE BEKOMMEN DAS GEMÄLDE WIEDER.

Sein Plan ging jedoch nicht auf. Schließlich gab er das Gemälde zurück und legte ein Geständnis hab.

Bitte sehr.

Vor Gericht wurde er des Diebstahls **nicht schuldig** gesprochen, weil er nicht vorgehabt hatte, das Bild zu behalten. Trotzdem musste er für drei Monate ins Gefängnis, weil er den Rahmen nicht zurückgegeben hatte.

Menschen entscheiden

Auch wenn die Formulierungen der Gesetzestexte noch so präzise sind, gibt es immer einen gewissen Interpretationsspielraum. Das kommt daher, dass sie im echten Leben von echten Menschen angewendet werden, die bei ihrer Entscheidung immer auch die Situation berücksichtigen, in der sich jemand befindet.

Was soll zum Beispiel deiner Meinung nach geschehen, wenn eine Person Essen stiehlt, weil sie vor Hunger beinahe umkommt?

In New York alarmierte im Jahr 2019 jemand die Polizei, weil eine hungrige Frau Essen aus einem Geschäft gestohlen hatte.

↓

Anstatt die Frau zu verhaften, bezahlte die Polizei für ihren Einkauf.

In Italien stahl im Jahr 2016 ein obdachloser Mann Käse und Wurst aus einem Geschäft.

↓

Ein Gericht entschied, dass er gar nicht wegen Diebstahls schuldig gesprochen werden *kann*, weil er am Verhungern war.

Darf die Polizei unschuldige Personen festnehmen?

Warum tragen Richter in manchen Ländern Perücken?

Was passiert, wenn sich Richter, Schöffen oder Geschworene irren?

Was ist eine Anhörung?

Warum werden Verbrecher überhaupt bestraft?

1. Strafrecht

Viele wichtige Gesetze haben den Zweck, Menschen oder Unternehmen vor Schaden zu bewahren. Wenn jemand eines dieser Gesetze bricht, begeht er damit eine **Straftat**.

Sobald der Verdacht auf eine Straftat besteht, versuchen ganz unterschiedliche Personen herauszufinden, was genau passiert ist. Dazu gehören **Polizeibeamte**, **Anwälte**, **Staatsanwälte, Richter** und manchmal auch **Geschworene** oder **Schöffen**. Sie sollen gemeinsam dafür sorgen, dass jeder, der eine Straftat begangen hat, entsprechend dafür bestraft wird.

In diesem Kapitel verfolgen wir die Geschichte eines fiktiven Verbrechens. Schauplatz ist die Stadt Newcastle in England. In Deutschland und anderen Ländern weichen die rechtlichen Einzelheiten zum Teil von unserem Beispiel ab.

Eine faule Sache

In der Regel kümmert sich bei einem Verbrechen und anderen Straftaten zunächst die Polizei um den Fall. Sie wird entweder von jemandem an den Tatort gerufen oder sie hat selbst etwas Verdächtiges beobachtet.

Das ist Tarak. Er hat gute Laune, weil er vor Kurzem viel Geld im Lotto gewonnen hat.

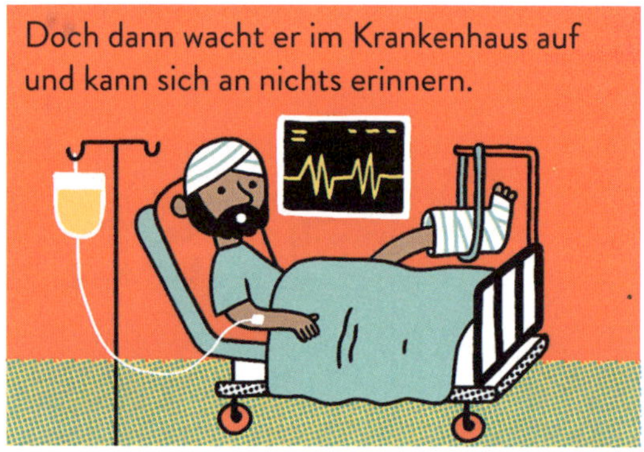
Doch dann wacht er im Krankenhaus auf und kann sich an nichts erinnern.

Laut Polizei hat sich ein Rad von seinem Auto gelöst, sodass er von der Straße abgekommen und gegen einen Baum geprallt ist.

Die Untersuchung des Autos ergibt, dass drei der vier Schraubenmuttern fehlen, mit denen das Rad befestigt war.
Hmmm ... VERDÄCHTIG.

Spurensuche

Die Polizei geht davon aus, dass Taraks Auto manipuliert wurde. Sie nimmt die **Ermittlungen** auf, um weitere Hinweise zu finden, und sammelt **Beweismittel**, die belegen sollen, dass ein Verbrechen begangen wurde.

Ermittler suchen auf Taraks beschädigtem Auto nach Fingerabdrücken.

Sie werten Filmmaterial von Überwachungs-kameras aus.

Sie befragen Tarak, seine Freundin Elaine und seine Kollegen.

Festgenommen

Die Ermittler vermuten, dass Elaine Mullins ihren Freund Tarak umbringen wollte, um an seinen Lottogewinn zu kommen. Sie nehmen sie **vorläufig fest** wegen versuchten Mordes und befragen sie auf dem Polizeirevier in einer Vernehmung, die aufgezeichnet wird.

Vernehmung
Oh weh, das ist schrecklich. Ich war noch nie bei der Polizei. Ich kenne hier niemanden und ich habe Angst, dass ich etwas Falsches sage.
Was wissen Sie über den Unfall, Frau Mullins?
Anwalt

Um sicherzustellen, dass Elaine gerecht behandelt wird, müssen die Polizeibeamten bestimmte Regeln einhalten. Sie müssen ...

- ... einen triftigen Grund für ihre vorläufige Festnahme haben.
- ... ihr erklären, dass alles, was sie sagt, vor Gericht gegen sie verwendet werden kann.
- ... ihr bei Bedarf ärztliche Hilfe zukommen lassen.
- ... ihr erklären, dass sie nichts sagen muss, wenn ihr eine Frage gestellt wird.
- ... ihr kostenlose Hilfe durch einen Anwalt zukommen lassen.
- ... ihr erlauben, jemanden telefonisch zu kontaktieren.
- ... ihr sagen, warum sie festgenommen wurde.
- ... sie regelmäßig mit Nahrung und Wasser versorgen.

Außerdem ist gesetzlich festgelegt, wie lange die Polizei jemanden ohne **Erhebung einer Anklage** (siehe Seite 18) festhalten darf. Dieser Zeitraum variiert je nach Land und Verbrechen – er beträgt in der Regel aber nicht mehr als 24 Stunden.

Jetzt wird's offiziell

Wenn die Staatsanwaltschaft der Ansicht ist, dass genügend Beweismittel vorliegen, wird *offiziell* **Anklage** gegen die verdächtige Person erhoben. Bei versuchtem Mord muss die Polizei zunächst einen **Vertreter der Anklage**, einen sogenannten **Staatsanwalt**, davon überzeugen, dass der Tatverdacht eine Anklage rechtfertigt.

Elaine Mullins hat versucht, ihren Freund umzubringen, indem sie sein Auto manipuliert hat. Ich will sie wegen versuchten Mordes anklagen.
Welche Beweise haben Sie dafür?
Wir haben ihre Fingerabdrücke auf dem Rad gefunden, das sich vom Auto gelöst hat.
Wie erklärt sie die Fingerabdrücke auf dem Rad?
Sie sagt, sie hätte das Rad vor einigen Tagen angefasst, um den Reifendruck zu prüfen.
Das hört sich nach einer plausiblen Erklärung an. Welche Informationen haben sie noch über sie?
Staatsanwalt
Ähm, das ist alles.
Tut mir leid. Das ist nicht genug. Wir können nur Anklage erheben, wenn eine realistische Wahrscheinlichkeit besteht, dass ein Gericht sie für schuldig befindet. Andernfalls könnte das hier reine Zeitverschwendung sein.
Aber mein Gefühl sagt mir, dass sie es getan hat!
Rufen Sie mich wieder an, wenn Sie weitere Beweise gefunden haben.
Darauf können Sie sich verlassen.

Polizeibeamter

Staatsanwälte arbeiten, wie der Name schon sagt, für den Staat. In Deutschland sind Staatsanwälte Beamte im höheren Justizdienst und müssen (wie auch Rechtsanwälte) dieselbe Ausbildung wie ein Richter durchlaufen haben.

Wie geht es weiter?

Die Polizei sammelt weitere Beweismittel, die Elaine belasten. Sie wird angeklagt und vor Gericht als **Angeklagte** bezeichnet. Das hier beschriebene Verfahren gibt es zum Beispiel in Großbritannien und den USA. Es unterscheidet sich in verschiedenen Punkten von einem Verfahren in Deutschland oder anderen Ländern.

Geht der Richter davon aus, dass der Angeklagte gegen die Regeln verstoßen wird, indem er nicht vor Gericht erscheint?

Darüber wird in der sogenannten **Anhörung** vor Gericht entschieden.

nicht wahrscheinlich

Er wird unter bestimmten Bedingungen vorerst auf freien Fuß gesetzt. Oft muss er eine Geldsumme als **Kaution** hinterlegen oder eine elektronische Fußfessel tragen, mit der überwacht werden kann, wo er sich aufhält.

wahrscheinlich

Der Angeklagte kommt in **Untersuchungshaft**, also vorübergehend ins Gefängnis.

Gibt die Person ihre Schuld zu?

Der Angeklagte erklärt sich entweder für *schuldig* oder für *nicht schuldig*. Das geschieht vor einem Richter in der sogenannten **Stellungnahme**.

nicht schuldig

Im **Gerichtsverfahren** legen die Anwälte beider Seiten ihre Beweise vor, um zu klären, ob der Angeklagte schuldig ist. Bei schweren Verbrechen fällen in vielen Ländern die **Geschworenen**, zufällig ausgewählte Laienrichter, das endgültige **Urteil**.

schuldig

Ein Gerichtsverfahren ist nicht notwendig.

Sprechen die Geschworenen die Person schuldig oder nicht schuldig?

Wenn die Person **schuldig** gesprochen und **verurteilt** wird, ist sie offiziell ein Straftäter.

Wie soll die Strafe aussehen?

Im **Strafverfahren** entscheiden die Richter über das Strafmaß. Der Straftäter erhält zum Beispiel eine Gefängnisstrafe.

Wenn die Person **nicht schuldig** gesprochen oder **freigesprochen** wird, bestätigt das Gericht ihre Unschuld.

Vorbereitung auf das Verfahren

Elaine erklärt sich des versuchten Mordes für *nicht schuldig* und legt kein Geständnis ab. Es wird ein Verfahren gegen sie eingeleitet. Elaine lässt sich vor Gericht von einem **Verteidiger** vertreten.

Außerdem sind diese Personen an einem Verfahren beteiligt:

Das ist die **Staatsanwältin**, die den Staat vertritt. Im Verfahren wird sie plädieren, dass Elaine *schuldig* ist.

Elaines **Verteidiger** plädieren auf *nicht schuldig*.

In England unterscheidet man zwischen einem beratenden **Rechtsanwalt**, der den Fall vor dem Verfahren vorbereitet ...

... und einem **Gerichtsanwalt**, dem Experten für den Gerichtssaal.

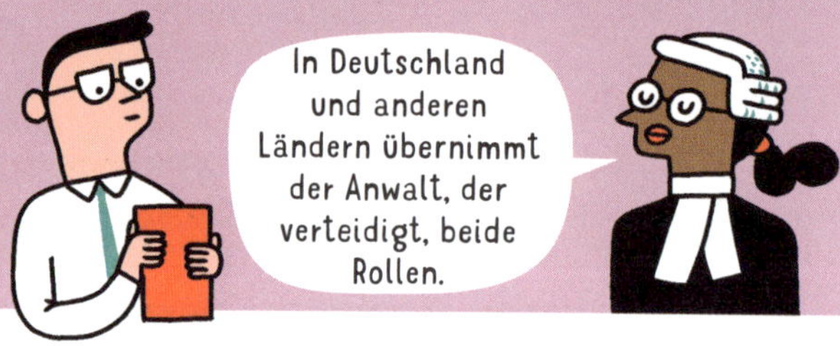
In Deutschland und anderen Ländern übernimmt der Anwalt, der verteidigt, beide Rollen.

Vor dem Verfahren tragen beide Seiten **Beweismittel** zusammen und suchen zudem nach **Zeugen**, die etwas über den Fall aussagen können.

Das sind die Zeugen der Anklagevertretung. Sie müssen vor Gericht die Wahrheit sagen.

Tarak
Kfz-Experte

Elaine hat als Angeklagte das Recht, die Aussage zu verweigern. Sie kann sich aber auch zu den Vorwürfen äußern.

Ich will dem Gericht zeigen, was für ein guter Mensch ich bin.

Das ist die **Richterin**. Während des Verfahrens versuchen Anklage und Verteidigung, den plausibelsten Hergang der Tat zu präsentieren. Die Richterin sorgt dafür, dass sich beide Seiten an die Regeln halten – wie eine Schiedsrichterin in einem Sportwettkampf.

Ich darf zum Beispiel entscheiden, ob ein Beweisstück vor Gericht zugelassen wird.

In manchen Teilen Europas und Südamerikas tragen spezielle **Untersuchungsrichter** vor dem Verfahren Beweismittel zusammen und befragen Zeugen.

Wissen ist Macht

Um Elaine erfolgreich verteidigen zu können, muss ihr Anwalt genau wissen, wie der Staatsanwalt ihre Schuld beweisen will. Der Verteidigung müssen also alle Beweise zugänglich gemacht werden. Das geschieht dadurch, dass Elaines Anwalt alle Akten zu lesen bekommt.

Beweise gegen Elaine

Ich habe die Akten von der Staatsanwaltschaft erhalten, Elaine.
Was haben sie gegen mich in der Hand?
BEWEISE GEGEN ELAINE MULLINS
Foto der drei fehlenden Schraubenmuttern, gefunden in einem Mülleimer auf dem Parkplatz.
Bankauszug; er belegt, dass Tarak den Lottogewinn auf das gemeinsame Konto überwiesen hat.
Gutachten eines Experten für Fahrzeugmanipulation; es besagt, dass Radmuttern nicht einfach abfallen.
Taraks Zeugenaussage; er erklärt, dass Elaine ihn dazu überredet hat, den Lottogewinn auf ihr gemeinsames Konto einzuzahlen.
Browserverlauf von Elaines Laptop; er zeigt, dass sie nach dem Begriff „tödlicher Autounfall“ gesucht hat.
Angebissenes Butterbrot mit Elaines Speichel; es wurde im selben Müllsack gefunden wie die Schraubenmuttern.

Oh weh! Die Beweise gegen mich sind erdrückend. Was wird das Gericht denken?
Keine Sorge. Wir gehen alles in Ruhe durch und machen einen Plan.
Das wird eine lange Nacht.

Andere Beweise

Für ein gerechtes Verfahren muss die Anklagevertretung *auch* Ermittlungsergebnisse weitergeben, die für die Verteidigung *nützlich* sein könnten: Alle Beweismittel müssen **offengelegt** werden.

Das Filmmaterial der Überwachungskamera zeigt in der Nacht vor dem Unfall außer Elaine noch andere Personen auf dem Parkplatz.

Hat sie es getan?

Jetzt findet das **Gerichtsverfahren** statt, in dem die Staatsanwaltschaft beweisen will, dass Elaine schuldig ist. Beide Seiten präsentieren Beweise und Zeugen, um das Gericht von ihrer jeweiligen Version des Tathergangs zu überzeugen. Die Geschworenen hören aufmerksam zu. Sie müssen entscheiden, ob die Anklagevertretung Elaines Schuld *nachweisen* kann.

So sieht ein Gerichtsverfahren für ein schweres Verbrechen in vielen Ländern aus. Anderswo mag sich die Anordnung der Beteiligten oder ihre Bezeichnung unterscheiden, das Prinzip ist aber dasselbe. In Deutschland und Österreich gibt es keine Geschworenen, dafür aber ehrenamtliche Laienrichter, sogenannte **Schöffen**.

Die meisten Strafverfahren sind für die Öffentlichkeit zugänglich. Dadurch wird ein gerechtes Verfahren sichergestellt.

Tarak
Sitzplätze für Besucher
Journalist
Zeugen-
stand
Am Ende des Verfahrens halten die Vertreter der Anklage und der Verteidigung eine Abschlussrede, das sogenannte **Schlussplädoyer**.
Sehr geehrte Frau Vorsitzende, sehr geehrte Damen und Herren! Dieses kaltherzige Verbrechen wurde von Elaines Gier motiviert.
Elaine überredete Tarak, seinen Lottogewinn vor dem Unfall auf ihr gemeinsames Konto zu überweisen. Sie tat dies in der Absicht, im Falle seines Todes an das Geld zu kommen.
In der Nacht vor dem Unfall entfernte jemand drei der vier Schraubenmuttern von einem Rad an Taraks Auto. Mit nur einer verbleibenden Mutter löste sich das Rad vom Wagen. Nach Aussage des Kfz-Experten kann Tarak von Glück sagen, dass er noch am Leben ist.
Es kann mit Sicherheit gesagt werden, dass Elaine schuldig ist. Ihre Fingerabdrücke waren auf dem Rad des Wagens und auf den fehlenden Radmuttern. Ein Butterbrot, das im selben Mülleimer gefunden wurde wie die Muttern, enthielt Spuren von Elaines Speichel. Das hat eine wissenschaftliche Laboruntersuchung ergeben.
Hatte sie die Absicht, Tarak zu töten? Ja. Kurz vor dem Unfall recherchierte sie im Internet nach „Wie gelingt ein tödlicher Autounfall" und las mehrere Artikel zu dem Thema. In einem davon wurde ausdrücklich das Entfernen der Radmuttern erwähnt.
Staatsanwältin
Elaines
Familie

Eine Richterin leitet das Verfahren und sorgt für einen gerechten Ablauf. Am Ende fasst sie den Tatbestand zusammen und erklärt den Geschworenen das Gesetz, um ihnen bei der Entscheidungsfindung zu helfen.

Perücken

In Großbritannien und einigen afrikanischen Ländern tragen Anwälte und Richter im Gerichtssaal eine Perücke. Diese Tradition geht auf das 17. Jahrhundert zurück, als Perücken unter reichen Leuten Mode waren. Die Mode hat sich geändert, Richter und Anwälte tragen sie aber immer noch. Für manche Menschen symbolisieren sie Ernst und Würde.

Einer von beiden LÜGT, Tarak oder Elaine ...
Der Protokollführer hält den Verlauf des Prozesses fest.
Hier sitzen die zwölf Geschworenen, zufällig ausgewählte Bürgerinnen und Bürger zwischen 18 und 70 Jahren.
Verteidigerin
Sehr geehrte Frau Vorsitzende, sehr geehrte Damen und Herren! Dieses Verbrechen zeugt tatsächlich von großer Grausamkeit, aber es wurde nicht von Elaine begangen.
Tarak überwies seinen Lottogewinn auf das gemeinsame Konto, weil das Paar zusammen in den Urlaub fahren wollte. Textnachrichten der beiden belegen dies.
Elaines Fingerabdrücke waren auf dem Rad des Wagens, weil sie zuvor den Reifendruck geprüft hatte.
Elaine warf das Butterbrot in den Mülleimer, aber nur durch Zufall befanden sich die Radmuttern im selben Müllsack.
Was die Internetrecherche angeht, so klickt meine Mandantin vor dem Schlafengehen oft auf seltsame Einträge. Das hat nichts zu bedeuten. In derselben Nacht klickte sie auch auf ein Video mit einer singenden Katze.
Aus diesen Gründen kann nicht mit Sicherheit gesagt werden, dass Elaine schuldig ist. Filmmaterial von Überwachungskameras zeigt verschiedene andere Personen auf dem Parkplatz. Eine dieser Personen hat die Tat begangen, nicht Elaine!
Elaine sitzt auf der sogenannten **Anklagebank**.
Angeklagte
Anklagebank

Schuldige Handlung? Schuldiger Geist?

Zwei Dinge müssen nachgewiesen werden, um jemanden *schuldig* zu sprechen: Die Person muss die Straftat begangen haben und sie muss zum Zeitpunkt der Tat gewusst haben, was sie tut. Diese Voraussetzungen werden mit den Begriffen *actus reus* (lateinisch für „schuldige Handlung") und *mens rea* („schuldiger Geist") bezeichnet.

Die Geschworenen diskutieren nun über ihre Entscheidung in Elaines Fall, also über das Urteil. Dabei zerlegen sie das Verbrechen in seine Bestandteile.

Die Handlung

Es kann kein Zufall sein, dass die Radmuttern im selben Müllsack gefunden wurden wie Elaines angebissenes Butterbrot!
Hat Elaine das Auto manipuliert?
Das denke ich auch. Nur sie kann die Muttern in den Mülleimer geworfen haben.
Vielleicht versucht jemand, ihr die Schuld anzuhängen?
Aber ihre Fingerabdrücke waren doch auf den Radmuttern! Man muss die Muttern nicht abschrauben, um den Reifendruck zu prüfen.

Hat Elaine den Unfall durch ihr Handeln verursacht?
Nach Meinung des Kfz-Experten wurde der Unfall definitiv dadurch verursacht, dass sich das Rad gelöst hat.
Ich bin überzeugt davon, dass ihr Handeln zum Unfall geführt hat.
Ich weiß nicht, wie der Unfall sonst passiert sein sollte.

Die Geschworenen erinnern sich an die Worte der Richterin während des Verfahrens.

Die Anklagevertretung muss die Geschworenen davon überzeugen, dass die Angeklagte schuldig ist.

Die Verteidigung muss die Geschworenen nicht von der UNSCHULD der Angeklagten überzeugen. Sie muss nur zeigen, dass die Anschuldigungen für eine Verurteilung nicht ausreichen.

Wenn die Geschworenen nicht *sicher* sind, ob die Angeklagte schuldig ist, **müssen** sie für NICHT SCHULDIG stimmen.

Diese Punkte sind sehr wichtig, weil jeder, der einer Straftat beschuldigt wird, **so lange unschuldig ist, bis seine Schuld nachgewiesen werden kann.**

Der Geist

Ich glaube, sie wollte ihn umbringen. Es ging ihr um den Lottogewinn.

Vielleicht wollte sie Tarak Angst einjagen, ohne ihn umzubringen?

Aber die beiden wollten zusammen in den Urlaub fahren. Warum eine Reise planen, wenn sie ihn umbringen will?

Selbst wenn sie nicht die Absicht hatte, ihn umzubringen, MUSS sie doch gewusst haben, dass er bei dem Unfall sterben könnte.

Jeder vernünftige Mensch weiß, dass es extrem gefährlich ist, wenn sich beim Fahren ein Rad löst!

Hatte Elaine die Absicht, Tarak zu töten?

Sie hat im Internet gezielt nach „tödlichem Autounfall“ gesucht.

Aber das Lesen eines Blog-Artikels ist kein ausreichender Beweis dafür, dass sie ihn umbringen wollte.

Es waren aber ELF verschiedene Einträge. Man klickt nicht zufällig auf elf verschiedene Unfallartikel.

Vielleicht hat sie in dem Moment darüber nachgedacht, ihn umzubringen, aber hatte nicht wirklich die Absicht, es zu tun?

Wenn sie ihre Meinung geändert hat, dann hätte sie Tarak warnen können, nicht mit dem Auto zu fahren.

Es dauert viele Stunden, doch dann stimmen alle derselben Entscheidung zu. Sie fällen ein **einstimmiges Urteil**. Wie würdest du in diesem Fall entscheiden?

Warum Strafe?

Die Geschworenen entscheiden, dass Elaine des versuchten Mordes schuldig ist. Jetzt muss die Richterin die Strafe festlegen. Aber warum werden Straftaten überhaupt bestraft? Hier erfährst du, welche Arten von Strafen es gibt und warum sie verhängt werden.

Um Straftäter zu bestrafen

Wenn jemand etwas tun muss, was er nicht tun will, dann ist das eine Bestrafung für das Leid, das er anderen angetan hat. Alle Strafen im violetten Bereich sind eine Bestrafung in diesem Sinne.

Um Menschen abzuschrecken

Es gibt Strafen, die Angst auslösen oder zumindest unangenehm sind. Beispiele dafür sind **Geldstrafen** und **Gefängnisstrafen**. Die extremste Form der Strafe ist die **Todesstrafe**, bei der Menschen zur Strafe getötet werden. Es gibt sie noch in China, Saudi-Arabien und einigen US-Bundesstaaten. (Viele Menschen sind gegen die Todesstrafe.)

Um für Sicherheit zu sorgen

Manche Strafen sollen Kriminelle davon abhalten, weiteren Schaden anzurichten. Aus diesem Grund werden gefährliche Straftäter ins Gefängnis gesperrt. Weniger gefährliche Straftäter erhalten oft eine **Bewährungsstrafe**. Sie dürfen sich frei bewegen, müssen jedoch bestimmte Auflagen erfüllen. Begehen sie in dieser Zeit eine weitere Straftat, müssen sie ins Gefängnis.

Um Straftätern zu helfen, sich zu bessern

Wenn Straftäter neue Fähigkeiten erlernen und die Hilfe bekommen, die sie brauchen, ist die Wahrscheinlichkeit geringer, dass sie noch einmal ein Verbrechen begehen. Dies wird als **Rehabilitation** bezeichnet. Straftäter absolvieren im Gefängnis oder als Bewährungsauflage zum Beispiel ein Anti-Aggressions-Training oder können durch eine unbezahlte Arbeit neue Fertigkeiten erlernen.

Um Taten wiedergutzumachen

Mit manchen Strafen sollen die Täter den Schaden wiedergutmachen, den sie angerichtet haben. Eine Bewährungsstrafe kann etwa eine unbezahlte Tätigkeit zum Nutzen der Allgemeinheit umfassen, zum Beispiel das Entfernen von Graffiti. Manchmal muss auch eine bestimmte Geldsumme an die Opfer gezahlt werden, eine sogenannte **Entschädigung**.

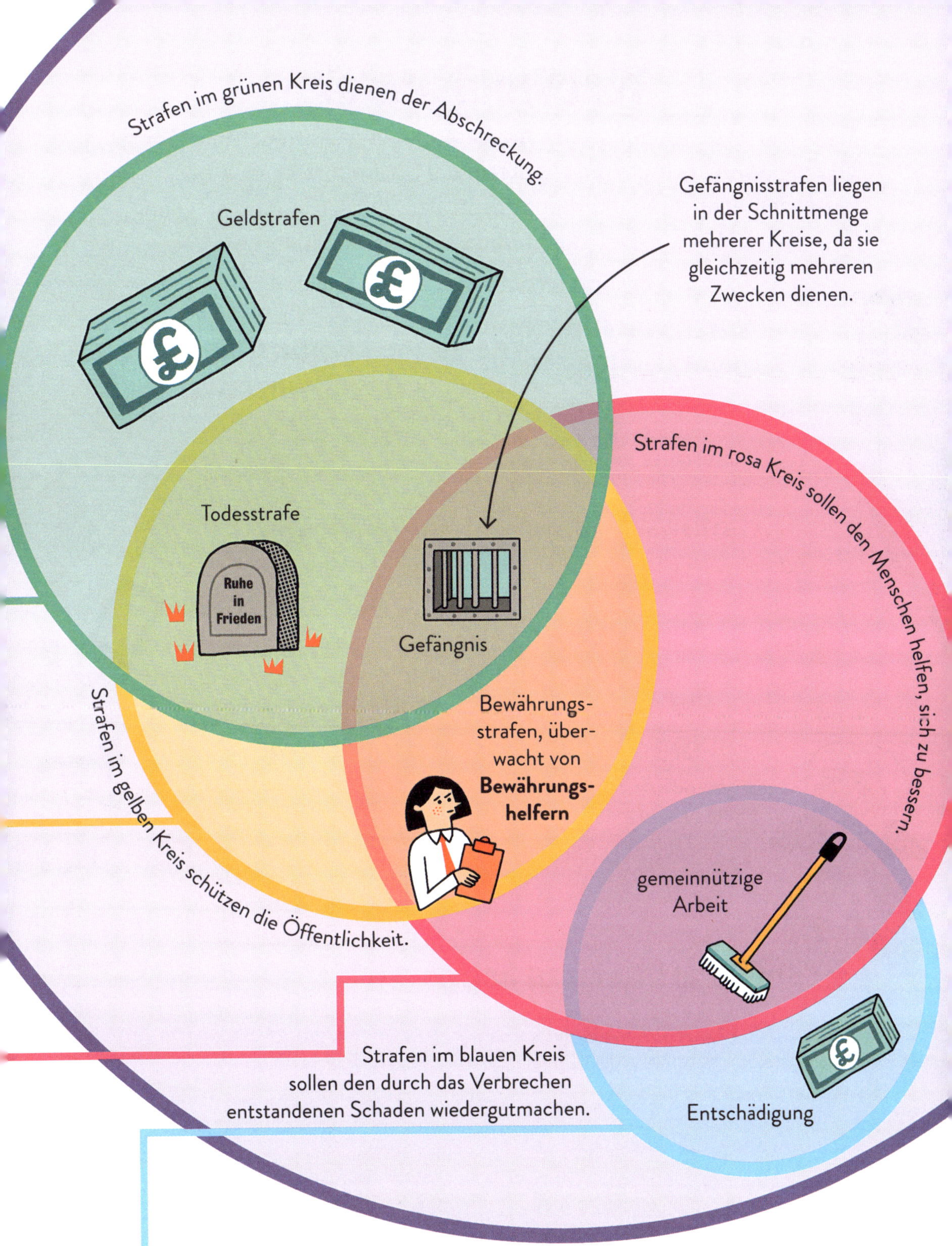
Strafen im grünen Kreis dienen der Abschreckung.
Geldstrafen
Gefängnisstrafen liegen in der Schnittmenge mehrerer Kreise, da sie gleichzeitig mehreren Zwecken dienen.
Strafen im rosa Kreis sollen den Menschen helfen, sich zu bessern.
Todesstrafe
Ruhe in Frieden
Gefängnis
Bewährungsstrafen, überwacht von **Bewährungshelfern**
Strafen im gelben Kreis schützen die Öffentlichkeit.
gemeinnützige Arbeit
Strafen im blauen Kreis sollen den durch das Verbrechen entstandenen Schaden wiedergutmachen.
Entschädigung

Die Richterin berücksichtigt Taraks Verletzungen, die Tatsache, dass Elaine das Verbrechen geplant hat, und ihre Absicht, sich Taraks Geld anzueignen, und verurteilt Elaine zu 15 Jahren Gefängnis.

Berufung einlegen

Nach einer Verurteilung kann **Berufung** gegen das Urteil eingelegt werden. Das bedeutet, dass ein übergeordnetes Gericht den Fall noch einmal überprüft. Dies passiert aber nur, wenn es klare Anzeichen dafür gibt, dass im ersten Verfahren Fehler gemacht wurden – wie etwa diese hier bei unserem fiktiven Fall in England:

Falscher Umgang mit Beweismitteln

In Elaines Fall habe ich das Butterbrot in derselben Beweismitteltüte aufbewahrt wie ihre Speichelprobe. So ist vielleicht aus Versehen etwas Speichel an das Butterbrot gekommen.

Fehler der Geschworenen

Die Geschworenen dürfen während der Entscheidungsfindung nur miteinander und mit niemandem sonst sprechen. Ich habe jedoch Elaine kontaktiert und sie gefragt, ob sie die Tat begangen hat ...

Fehler der Richterin

Vielleicht habe ich einen Fehler gemacht, als ich den Tatbestand des Falles zusammengefasst habe oder als ich den Geschworenen die entsprechenden Gesetzesabschnitte erklärt habe?

Versäumnisse der Verteidigung

Ich hatte keine Lust, einen Zeugen zu kontaktieren, dessen Aussage Elaine hätte entlasten können.

Das sogenannte **Berufungsgericht** entscheidet, ob Fehler gemacht wurden und ob diese Fehler den Ausgang des Verfahrens beeinflusst haben. Es kann zu folgenden Beschlüssen kommen:

- Es wurden keine Fehler gemacht. Das Urteil bleibt gültig.
- Es wurden Fehler gemacht, aber das Urteil bleibt gültig.
- Es wurden schwerwiegende Fehler gemacht und das Urteil muss geändert werden.
- Es wurden schwerwiegende Fehler gemacht und ein **Wiederaufnahmeverfahren** muss eröffnet werden.

Berufung gegen die Berufung

Auch gegen die Entscheidung eines Berufungsgerichts kann Berufung eingelegt werden. Die Gerichte haben je nach Land unterschiedliche Namen, aber in jedem Rechtssystem gilt eine bestimmte Rangfolge der einzelnen Instanzen.

Niedrigste Instanz: Amts- und Landgerichte

Sie bearbeiten die Fälle in erster Instanz. In jedem Gerichtssaal sitzt nur ein Richter. Manche Länder haben Gerichte für geringfügige Vergehen und Gerichte für schwere Verbrechen. Geschworene oder andere Laienrichter gibt es nur in Verfahren für schwere Verbrechen.

Mittlere Instanz: Berufungsgerichte

Berufungsgerichte prüfen, ob die Gerichte der ersten Instanz Fehler gemacht haben. Sie berücksichtigen die Einzelheiten der Fälle, die ihnen vorgelegt werden. Die Gerichte der ersten Instanz folgen den Entscheidungen der Berufungsgerichte.

Höchste Instanz: Oberstes Gericht

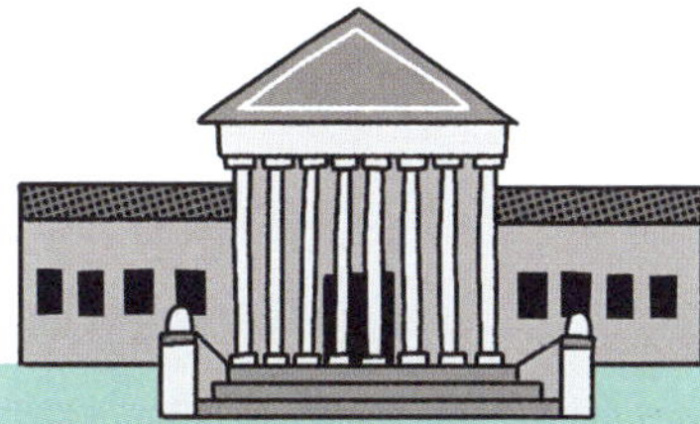

Das Oberste Gericht entscheidet nicht über einzelne Tatbestände, sondern über Gesetze. Jeder Fall wird von einer Gruppe von Richtern bearbeitet. Sie entscheiden, wie die Gesetze angewendet werden sollen, nicht nur in dem einen bestimmten Fall, sondern auch in ähnlichen Fällen in der Zukunft. In jedem Land gibt es nur ein Oberstes Gericht. Die Gerichte der ersten und der mittleren Instanz schließen sich den Entscheidungen des Obersten Gerichts an.

Im Jahr 2008 wurde Robert McCoy in Louisiana, USA, des Mordes angeklagt. Er plädierte auf *nicht schuldig*. Während des Verfahrens erklärte sein eigener Verteidiger jedoch, dass er schuldig sei. Der Fall beschäftigte alle Instanzen bis zum Obersten Gericht.

Vor Gericht wurde McCoy …

… für schuldig erklärt und wegen Mordes verurteilt.

Als McCoy Berufung einlegte …

… lehnte das Berufungsgericht seinen Antrag ab. Auch wenn der Verteidiger sich gegen McCoy wandte, so hätte es nicht den Ausgang des Verfahrens beeinflusst, da zu viele Beweise gegen den Angeklagten vorlagen.

Das Oberste Gericht …

… entschied zugunsten von McCoy, da ein Angeklagter immer die Wahl haben muss, auf *nicht schuldig* zu plädieren. Aufgrund dieses schwerwiegenden Fehlers ordnete das Gericht ein Wiederaufnahmeverfahren für McCoy an.

Wem gehört das Land?

Was steht in den Verträgen von Fußballern?

Ist es gesetzeswidrig, jemanden nachzuahmen?

Wen darf ich heiraten?

2. Zivilrecht

Erwachsene streiten über alles Mögliche – über Geld und Beziehungen oder über defekte Produkte, die sie gekauft haben. So manches Mal lassen sich die Probleme durch ein Gespräch klären. In anderen Fällen müssen jedoch juristische Experten zurate gezogen werden, um die Zwistigkeiten zu beenden.

Mit solchen Fällen beschäftigt sich das **Zivilrecht**. Dieser Rechtsbereich konzentriert sich auf die Beziehungen zwischen Menschen, Unternehmen und Organisationen – insbesondere dann, wenn die Dinge nicht so glatt laufen.

Du hast mir wehgetan!

Stell dir vor, jemand verletzt dich. Im Strafrecht bringt der *Staat* im Namen der ganzen Gesellschaft den Angeklagten vor Gericht. Im Zivilrecht bringst *du* die Person vor Gericht. Die Fälle können ganz unterschiedlich ausgehen.

STRAFRECHT

Ahhhhhhhhhhhh!

Die schuldige Partei wird bestraft.

Sie werden für schuldig befunden, ihm vorsätzlich ein Bein gebrochen zu haben. Ich verurteile Sie zu 16 Monaten Gefängnis.

ZIVILRECHT

Aaaah!

Das Opfer erhält eine Geldsumme, ein sogenanntes **Schmerzensgeld** zur Wiedergutmachung.

Sie müssen 1000 Euro an ihn zahlen, als Entschädigung für seinen verstauchten Knöchel.

Im Zivilrecht gehören Körperverletzungen zu den unerlaubten Handlungen oder **Delikten**. Sind sie besonders schwerwiegend, kann es ein zivilrechtliches *und* ein strafrechtliches Verfahren geben. Zu den unerlaubten Handlungen gehören auch ...

... seelischer Schaden.

... Schaden am Eigentum.

... Rufschädigung oder **Verleumdung**.

Tagesanzeiger.net
ERIK, DER GRÖSSTE LÜGNER DER WELT

... Täuschung zum eigenen finanziellen Vorteil oder **Betrug**.

SENDEN SIE UNS IHRE BANKDATEN UND GEWINNEN SIE EINE INSEL!

Neben Schmerzensgeldzahlungen kann das Gericht auch bestimmte Maßnahmen einfordern, um den verursachten Schaden wiedergutzumachen, zum Beispiel das Entfernen herabwürdigender Artikel.

Tagesanzeiger.net
Dieser Artikel wurde gelöscht.

Wer ist schuld?

Im Jahr 1928 wurde May Donoghue sehr krank, nachdem sie in einem Café in Schottland ein Ginger Ale getrunken hatte, das Teile einer toten Schnecke enthielt. Sie konnte einen Monat lang nicht zur Arbeit gehen. Wer trägt deiner Meinung nach die Schuld?

Meine Schuld ist es nicht!
Cafébesitzer
Meine Schuld ist es auch nicht! Die Flasche war aus dunklem Glas. Ich konnte von außen nichts sehen.
Besitzer der Getränkefabrik
Es ist ganz bestimmt nicht meine Schuld. Meine Fabrik füllt Ginger Ale ab, keine Schnecken.
Irgendjemand muss doch schuld sein! Ich war SEHR krank und konnte einen Monat lang kein Geld verdienen.
May
Dem stimme ich zu. Der Fabrikbesitzer muss sicherstellen, dass seine Flaschen schneckenfrei sind.
Mays Anwalt
Damals konnte in Schottland niemand für diese Art von Unfällen rechtlich zur Verantwortung gezogen werden.
Es steht nicht im Gesetz, dass ich prüfen muss, ob Schnecken in meinen Flaschen sind.
Schließlich fällte eine Gruppe von Richtern des Obersten Gerichts in Großbritannien ein Urteil.
Jede Person muss angemessene Sorgfalt walten lassen, um jegliche Handlungen zu vermeiden, die eine andere Person schädigen könnten, für die sie Verantwortung trägt.
Lordrichter Atkin

Mays Fall markierte einen Wendepunkt in der britischen Justizgeschichte. Die Entscheidung des Obersten Gerichts besagte, dass jeder, der durch fehlende Sorgfalt *unabsichtlich* einen Schaden verursacht, trotzdem *schuldig* ist. Das wird **Fahrlässigkeit** genannt. May erhielt eine finanzielle Entschädigung.

Verträge

Wenn zwei oder mehr Personen sich formell etwas versprechen, schriftlich oder auch mündlich, wird das als **Vertrag** bezeichnet. Erfüllt eine der Parteien ihr Versprechen nicht, muss das Gericht den Fall regeln. Im folgenden Beispiel nimmt ein Fußballverein einen Fußballspieler unter Vertrag.

Die beiden Seiten vereinbaren, was sie tun und was sie nicht tun werden und schreiben die Einzelheiten dazu in einem Vertrag nieder. Mit der Unterzeichnung des Vertrags bestätigen sie, dass sie sich auf die Bedingungen geeinigt haben.

Der Verein verspricht, Ihnen 50 Millionen Euro pro Jahr zu zahlen ...
... plus 15 000 Euro Bonus pro Spiel, wenn wir gewinnen ...
... und wir kaufen Ihnen ein Auto und bezahlen Ihre Miete.
Ich verspreche, mindestens zwei Jahre für das Team zu spielen ...
... zum Training zu kommen, bei jedem Spiel mitzuspielen und fit zu bleiben ...
... und nicht ins All zu fliegen.*

Wird jemand getäuscht oder zur Unterschrift gezwungen, ist der Vertrag ungültig.

Ein Vertrag ist nützlich, weil er beiden Seiten Sicherheit gibt.

Er kann nicht einfach irgendwann gehen und für einen anderen Klub spielen.
Ich weiß, dass ich ein Gehalt bekomme, auch wenn ich im nächsten Spiel kein Tor schieße.

Wer seine Versprechen nicht einhält und damit einen Vertragsbruch begeht, muss den Schaden durch eine Entschädigungszahlung ausgleichen.

Fußballer verhandeln im Voraus oft über eine „Ausstiegsklausel“. Sie legt die Höhe der Ablösesumme fest, die bezahlt werden muss, wenn der Spieler früher gehen will als vertraglich vereinbart.

Diese Ablösesumme muss der neue Verein an den alten Verein als Entschädigung zahlen.

*Solange etwas legal ist, kann es in den Vertrag aufgenommen werden. 1999 musste der Spieler Stefan Schwarz dem englische Fußballverein AFC Sunderland vertraglich zusichern, nicht in den Weltraum zu fliegen.

Etwas kaufen

Man muss sich nicht für alle Verträge zusammensetzen und ein Stück Papier unterschreiben. Vor dem Gesetz ist jeder Kauf ein Vertrag, gerade so, als würde der Verkäufer diesen Satz unterschreiben: „Das Produkt ist wie beschrieben, für den entsprechenden Zweck geeignet und in zufriedenstellendem Zustand.“

DAS BLATT

Wenn die Kioskbesitzerin eine Zeitung verkaufen würde, in der einige Seiten fehlen, beginge sie damit einen Vertragsbruch.

MUTIGER HELD RETTET KATZE
TOP 10 PARKS & GÄRTEN

Gleichermaßen erwartet man beim Kauf eines Autos, dass es der Beschreibung des Verkäufers entspricht. Der Autohersteller Volkswagen wurde 2015 jedoch verklagt, weil er bei Millionen Autos auf der Grundlage von Tests falsche Angaben zu den Abgaswerten gemacht hatte.

Die Autos waren so programmiert, dass sie während der Tests wesentlich geringere Schadstoffmengen ausstießen als im normalen Straßenverkehr.

So war das aber nicht vereinbart!

In manchen Ländern können mehrere Personen gemeinsam ein Unternehmen vor Gericht bringen und verklagen. Das wird als **Sammelklage** bezeichnet. Hunderte VW-Kunden beteiligten sich daran.

Im Oktober 2016 verurteilte ein US-Gericht Volkswagen zu Entschädigungszahlungen von rund zehn Milliarden US-Dollar.

Und ich?! Vögel bekommen keine Entschädigung für die zusätzlichen Schadstoffe in der Luft.

Wir wollen unser Geld zurück!

Familienrecht

Manche Ereignisse im Leben scheinen auf den ersten Blick *private* Angelegenheiten zu sein, die keinen Anwalt oder Richter etwas angehen. In den meisten Ländern gibt es jedoch auch dafür bestimmte Regeln.

Heiraten

Fast überall kann man eine Beziehung offiziell anerkennen lassen, indem man eine Ehe schließt oder eine Lebenspartnerschaft eintragen lässt. Dadurch entstehen Rechte und Pflichten – etwa dass man medizinische Entscheidungen für den Partner trifft, wenn dieser selbst zu krank dafür ist.

Sich trennen

Um eine Ehe oder eingetragene Lebenspartnerschaft aufzulösen, muss bewiesen werden, dass die Beziehung beendet ist und nicht aufrechterhalten werden kann. Nur ein Gericht kann das offiziell feststellen.

SCHEIDUNGS-
URKUNDE

Paare, die sich trennen, müssen oft schwierige Entscheidungen treffen. Können sie sich nicht einigen, wird ein Gericht hinzugezogen.

Wie teilen wir unser Geld auf?
Wer kann im Haus bleiben?
Wo werde ich wohnen?
Wann werde ich meine Kinder sehen?

Ein Kind adoptieren

Wenn Eltern ein fremdes Kind annehmen, wird das als **Adoption** bezeichnet. Diese *Annahme an Kindes statt* muss von einem Gericht anerkannt werden.

Das sind meine Adoptiveltern.

Kinder erziehen

Eltern müssen ihre Aufgaben angemessen erfüllen und ihre Kinder beispielsweise regelmäßig in die Schule schicken – auch dafür gibt es Gesetze. Tun sie das nicht, können lokale Behörden die Eltern vor Gericht bringen.

Mmh, wenn ich nicht zur Schule gehe, bekommt mein Vater vielleicht Ärger.

Rechte für Familien

Viele Rechte rund um das Thema Liebe und Familie, die für uns selbstverständlich sind, wurden zum Teil erst vor kurzer Zeit festgelegt. In manchen Ländern sind sie auch heute noch nicht anerkannt.

Interkonfessionelle Ehe

Das ist das Recht, jemanden zu heiraten, der einer anderen Religion angehört. In Indien ist das seit 1954 gesetzlich erlaubt.

Ich bin Hindu.
Ich bin Muslim und wir können endlich heiraten.

Gleichgeschlechtliche Ehe

Das ist das Recht, dass zwei Männer oder zwei Frauen heiraten können.

Die Niederlande waren das erste Land weltweit, das die gleichgeschlechtliche Ehe zuließ – das war im Jahr 2001.
Jetzt ist das in rund 30 Ländern legal.

Eigentumsrechte

Die Rechte, Eigentum zu besitzen, zu kaufen, zu verkaufen und zu erben, werden als **Eigentumsrechte** bezeichnet. Bis ins 20. Jahrhundert hinein besaßen Frauen in vielen Ländern nicht die gleichen Rechte auf Eigentum wie Männer. In manchen Ländern ist das immer noch so.

Proteste, Tunesien 2019

GLEICHE ANTEILE
In Tunesien wird das Geld nach dem Tod der Eltern derzeit so aufgeteilt, dass Söhne doppelt so viel erben wie Töchter.

Familienplanung

Das Prinzip, selbst zu entscheiden, ob und wann man Kinder bekommt, ist ein grundlegendes Recht. In der Praxis geht es dabei um **Verhütungsmethoden**, um nicht schwanger zu werden.

In Irland waren Verhütungsmittel verboten. Ich habe die irische Regierung verklagt und das Gesetz wurde 1973 geändert.

Mary McGee, Aktivistin

Eine Änderung des Gesetzes bedeutet nicht unbedingt, dass die Menschen ihr Verhalten ändern. In Indien haben es Paare in interkonfessionellen Ehen mitunter immer noch schwer, von der Gesellschaft akzeptiert zu werden.

Eigentumsrecht

Das sogenannte **Eigentumsrecht** regelt das Verhältnis zwischen Personen und ihrem *Eigentum*.

Eigentum gibt uns die Möglichkeit, die Gegenstände, die uns gehören, zu nutzen und damit Geld zu verdienen.

Wir können unsere Rechte auf andere Personen übertragen, indem wir ihnen unser Eigentum schenken oder verkaufen.

Es ist gesetzlich verboten, uns diese Rechte wegzunehmen.

HOF ZU VERKAUFEN
Mais zu verkaufen!
MAIS 5€ pro Kilo
Stopp! Das ist mein Baum!

Im Laufe der Geschichte gab es immer wieder unterschiedliche Meinungen dazu, was Eigentum eigentlich ist, insbesondere was Grundeigentum angeht.

Ich finde, niemand sollte Landeigentümer sein. Der Staat kann es für alle verwalten. So war es in Russland für den Großteil des 20. Jahrhunderts.
Ich bin der Meinung, wir brauchen Grundeigentum. Wir kümmern uns besser um Dinge, die uns gehören.
Eigentum von Land ist okay, es sollte aber niemandem erlaubt sein, Wasser zu besitzen. Das Meer gehört allen.
Ich denke, jeder sollte überall laufen und zelten dürfen. So ist es in einigen nordeuropäischen Ländern.
Das ist mein Land. Es gehört unserer Familie schon seit vielen Generationen. Zutritt nur mit meiner Erlaubnis!

Das ist unser Land

Was wessen Eigentum ist, kann sich mit der Zeit ändern. Und manchmal muss man für diese Veränderungen und ihre gesetzliche Anerkennung kämpfen.

Im 18. Jahrhundert erreichten englische Seefahrer als erste Europäer die Ostküste Australiens.
Wir haben NEUES Land entdeckt! Hier können wir leben, etwas anbauen und tun, was immer wir wollen!
Halt, stopp! Unser Volk lebt hier seit über 65 000 Jahren!
Aber jetzt gehört das Land UNS.
Im folgenden Jahrhundert kamen immer mehr Europäer nach Australien und beanspruchten das Land für sich. Diese Inbesitznahme heißt **Kolonialisierung**.
Das ist völlig legal! Das Land gehörte niemandem, bis wir hier ankamen.
Bis in die 1990er-Jahre gründete das australische Landrecht auf der Annahme, dass das Land bis zum Eintreffen der Europäer niemandem gehörte. Es war sogenanntes Niemandsland oder *Terra Nullius*.
Das bedeutete, dass die Ureinwohner Australiens, deren Familien lange vor den Europäern in Australien lebten, keine gesetzlichen Landrechte hatten.
Als mein Vater 1977 starb, durfte ich seinen Grundbesitz nicht erben. Die Regierung behauptete, das Land hätte uns niemals gehört. Deshalb habe ich den Fall vor Gericht gebracht.
Eddie Mabo, indigener Landrechtsaktivist
Zehn Jahre dauerten die Gerichtsverfahren, dann entschied der Oberste Gerichtshof, dass Australien keine *Terra Nullius* war, und erkannte das Recht der indigenen Bevölkerung auf Landeigentum an.
(Aber sie haben noch nicht alles zurückbekommen ...)

Das ist *meine* Idee

Genauso wie du Land und andere greifbare Dinge als Eigentum haben kannst, können auch Ideen oder Informationen dein Eigentum sein. Für den Schutz dieses **geistigen Eigentums** gibt es eigene Rechte und Gesetze.

Urheberrecht

Das **Urheberrecht** verhindert, dass jemand die Werke eines anderen ohne dessen Erlaubnis verwenden kann, zum Beispiel Gemälde, Texte, Musik, Filme oder Internet-Inhalte.

Patente

Wenn du etwas erfindest, kannst du ein **Patent** dafür anmelden. Für mehrere Jahre darf dann niemand deine Erfindung herstellen oder verkaufen.

Ich habe meine Idee für diesen Schirmhut patentieren lassen, damit niemand ihn abkupfern kann.

Viele Künstler und Erfinder sind auf diese Gesetze angewiesen, um mit ihren Werken Geld verdienen zu können. Bei Erfindungen wie lebensrettenden Medikamenten können sie jedoch ungerecht erscheinen.

TAGESANZEIGER

Südafrika
April 2001

TEURE MEDIKAMENTE KOSTEN LEBEN

In Südafrika sterben jedes Jahr Hunderttausende von Menschen an der Krankheit AIDS, weil sie kein Geld für die Behandlung haben.

WARUM KOSTET DIE MEDIZIN SO VIEL?

Pharmaunternehmen geben *Millionen* für die Entwicklung eines Medikaments aus. Durch die Patentierung können sie es verkaufen und das investierte Geld wieder einnehmen. Aber was ist ein gerechter Preis?

Von armen Menschen utopische Preise zu verlangen, ist falsch. Wir müssen zukünftig billigere Medikamente aus anderen Ländern einkaufen.

Nelson Mandela, ehemaliger Präsident von Südafrika

GERICHTSSTREIT ÜBER GÜNSTIGERE MEDIKAMENTE

Eine Gruppe von Pharmaunternehmen verklagte die Regierung von Südafrika, um sie daran zu hindern, billigere Medikamente aus dem Ausland einzukaufen.
Nach weltweiten Protesten ließen die Unternehmen ihre Anklage fallen. Zudem senkten sie die Preise für die Medikamente von 10 000 US-Dollar pro Jahr pro Person auf 1000 US-Dollar.

Du *musst* nicht vor Gericht gehen

Vor Gericht zu gehen und Klage zu erheben, kann viel Geld und viel Zeit kosten. Häufig kann man stattdessen einen **Mediator** um Hilfe bitten. Außergerichtliche Mediatoren sind unparteiisch und suchen nach einer Lösung, mit der alle Beteiligten zufrieden sind – ob es sich um einen Streit zwischen Unternehmen, Familien oder Kindern auf dem Schulhof handelt.

Schüler-mediatorin
Was ist passiert?
Anton sagt
Alisa sagt
Alisa hat mich geschubst.
Anton wollte mir meinen Euro nicht zurückgeben.
Wie können wir das Problem lösen?
Sag der Lehrerin, dass sie mir wehgetan hat, dann muss sie nachsitzen.
Mein Bruder soll kommen und Anton verprügeln, damit ich meinen Euro wiederkriege.
Die Mediatorin versucht, mit beiden Seiten die bestmögliche Lösung zu finden.
Was könnt IHR BEIDE jetzt tun, um das Problem zu lösen, OHNE jemand anderen zu holen oder weiterzustreiten?
Ich könnte ihr das Geld zurückgeben.
Und ich könnte mich fürs Schubsen entschuldigen und versprechen, es nicht wieder zu tun.
Seid ihr beide der Meinung, dass das Problem damit gelöst ist?
Ja, okay.
Ich glaube schon.

Was ist der 14. Zusatzartikel?

Sind alle Gesetze irgendwo niedergeschrieben?

Wie kann verhindert werden, dass ein Staatsoberhaupt zu viel Macht bekommt?

Warum ist die US-amerikanische Verfassung so wichtig?

Kann ein Präsident vor Gericht gebracht werden?

3. Wie werden Gesetze gemacht?

Wer verfügt über die erforderliche Macht, neue Gesetze zu erlassen? Oft sind es Politiker, die in einem **Parlament** sitzen, es können jedoch auch Richterinnen und Richter, Königinnen und Könige oder sogar religiöse Gelehrte sein. Wie das abläuft, hängt vom jeweiligen Land ab.

Jeder Staat hat im Grunde seine eigenen Richtlinien dafür, wer die Macht innehat und wie neue Gesetze entstehen. Die Regeln zur Gesetzgebung sind im sogenannten **Verfassungsrecht** festgelegt. In manchen Ländern ist es in einem einzigen Dokument zusammengefasst, der Verfassung. Die deutsche **Verfassung** heißt Grundgesetz.

Rechtsquellen

Gesetze sind nicht überall gleich. Verschiedene Länder haben verschiedene **Rechtssysteme**. Ein Unterschied besteht darin, woher die Gesetze kommen, zum Beispiel aus folgenden „Quellen“:

Legislative

In den meisten Ländern beschäftigt sich eine Abteilung der Regierung – die **Legislative** oder **gesetzgebende Gewalt** – mit neuen Gesetzen. Je nach Land übernimmt das **Parlament**, der **Kongress** oder die **Versammlung** diese Aufgabe.

Hier beraten zahlreiche Politiker über die Gesetze und verabschieden sie.

Bist du für das neue E-Roller-Gesetz?
Noch nicht, es sind noch Änderungen nötig.

Gesetze, die so entstehen, werden auch als **Ordnung**, **Vorschrift** oder **Statut** bezeichnet und manchmal im **Gesetzbuch** oder **Gesetzeskodex** zusammengefasst.

STRASSENVER-KEHRSORDNUNG
STRAF-GESETZBUCH

Länder, in denen *alle* Gesetze von der Legislative erlassen werden, verfügen über ein sogenanntes **Zivilrechtssystem**.

Richterliche Entscheidungen

Manche Staaten folgen einem System, das auf **Richterrecht** und **Fallrecht** basiert. Hier gründen die Gesetze auf richterlichen Urteilen zu Fällen in der Vergangenheit.

1971, Oberster Gerichtshof der USA

Wir kommen zu dem Urteil, dass das Unternehmen gegen das Gesetz verstoßen hat, indem es Ida Phillips nicht eingestellt hat, weil sie eine Frau ist und kleine Kinder hat.

1974, USA

Mein aktueller Fall erinnert an jenen von Ida Phillips im Jahr 1971. Ich schaue mal nach, wie die Richter damals entschieden haben.

Bei ähnlichen Fällen müssen Richter den Entscheidungen des höheren Gerichts in früheren Fällen folgen.

Religiöse Texte

Das System mancher islamischer Länder richtet sich nach dem **islamischen Recht**. Es gründet auf dem **Koran**, der heiligen Schrift des Islam, und der **Sunna**, einer Sammlung wichtiger Schriften.

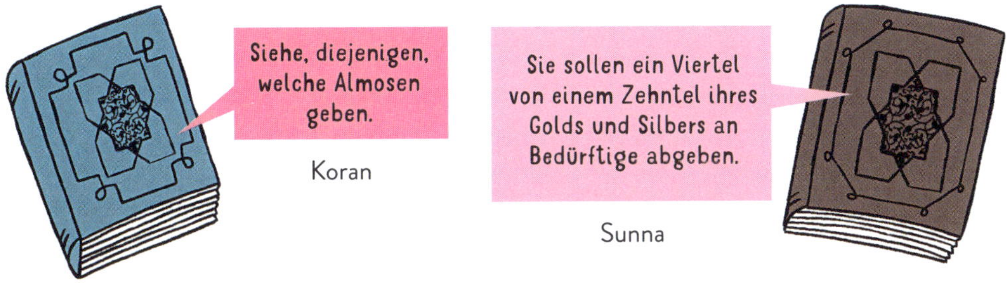
Siehe, diejenigen, welche Almosen geben.
Koran
Sie sollen ein Viertel von einem Zehntel ihres Golds und Silbers an Bedürftige abgeben.
Sunna

Islamische Gelehrte studieren die alten Texte genau und erlassen Gesetze zu ihrer Anwendung in der Gegenwart – zum Beispiel dazu, wer wie viel an Bedürftige spenden soll.

Gewohnheiten

Auch Traditionen oder Regeln, die seit vielen Jahren befolgt werden, gelten in manchen Ländern als Gesetze – auch wenn sie nirgends aufgeschrieben sind. Das wird als **Gewohnheitsrecht** bezeichnet.

Die Inuit lösen einen Konflikt zwischen zwei Personen nicht vor Gericht, sondern durch einen Singwettstreit.

Jede Seite überlegt sich ein Lied, in dem sie sich auf clevere und witzige Art über den anderen lustig macht, und trägt es vor. Wer das Publikum besser unterhält, gewinnt.

Er ist so ein tollpatschiger Jäger ... er fängt noch nicht mal seine eigenen Stiefel!

Eine gute Mischung

Die Rechtssysteme und Gesetze der meisten Länder basieren auf einer Mischung all dieser Rechtsquellen. Lies weiter, um mehr darüber zu erfahren ...

Was gilt wo?

Weltweit gibt es zum Beispiel diese unterschiedlichen Rechtssysteme.

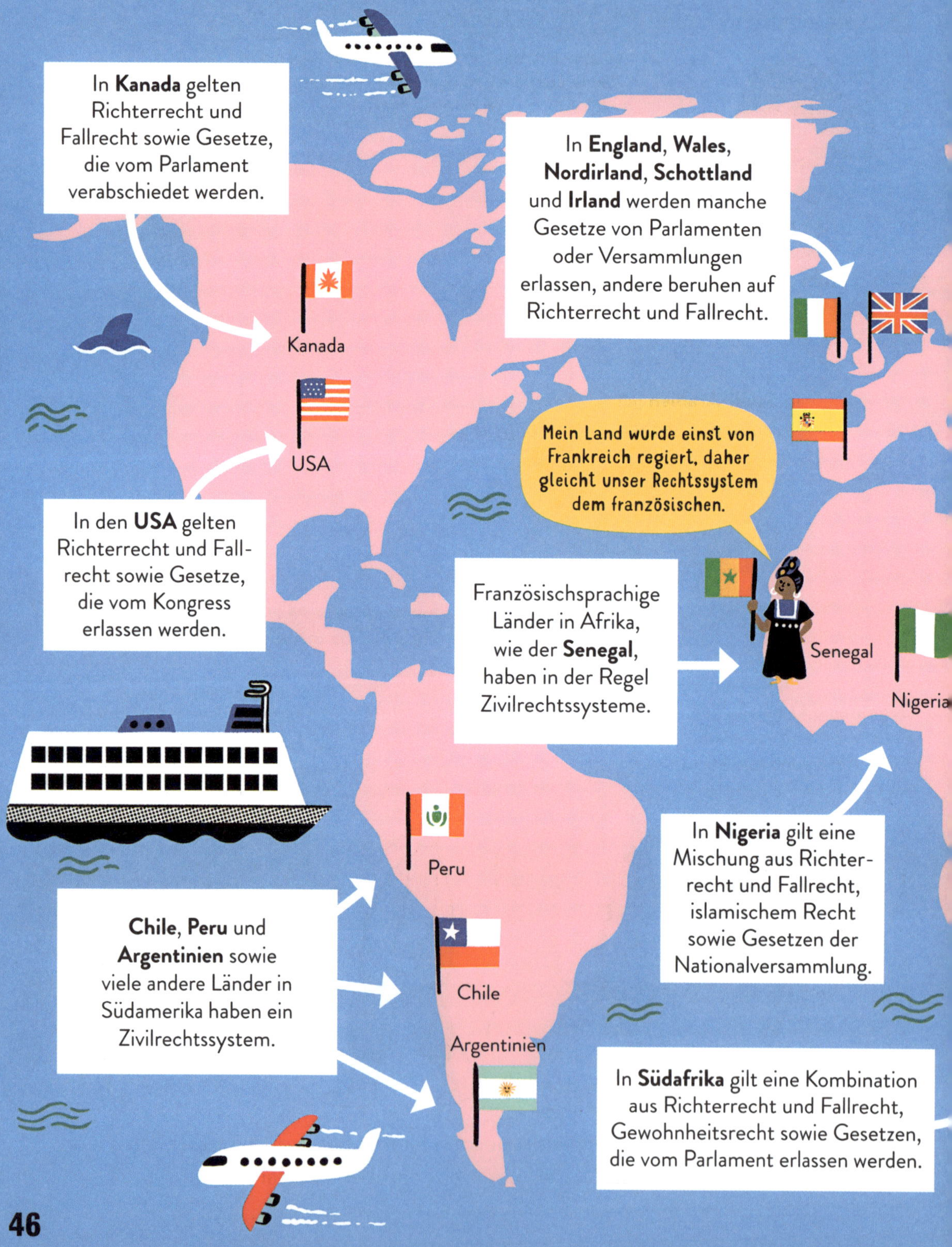
In **Kanada** gelten Richterrecht und Fallrecht sowie Gesetze, die vom Parlament verabschiedet werden.
In **England**, **Wales**, **Nordirland**, **Schottland** und **Irland** werden manche Gesetze von Parlamenten oder Versammlungen erlassen, andere beruhen auf Richterrecht und Fallrecht.
Kanada
USA
Mein Land wurde einst von Frankreich regiert, daher gleicht unser Rechtssystem dem französischen.
In den **USA** gelten Richterrecht und Fallrecht sowie Gesetze, die vom Kongress erlassen werden.
Französischsprachige Länder in Afrika, wie der **Senegal**, haben in der Regel Zivilrechtssysteme.
Senegal
Nigeria
Peru
In **Nigeria** gilt eine Mischung aus Richterrecht und Fallrecht, islamischem Recht sowie Gesetzen der Nationalversammlung.
Chile, **Peru** und **Argentinien** sowie viele andere Länder in Südamerika haben ein Zivilrechtssystem.
Chile
Argentinien
In **Südafrika** gilt eine Kombination aus Richterrecht und Fallrecht, Gewohnheitsrecht sowie Gesetzen, die vom Parlament erlassen werden.

Warte mal ... was bedeutet noch mal „Zivilrecht“?
„Zivilrecht“ (im Gegensatz zum Strafrecht) bezeichnet die Gesetze, die die Beziehungen zwischen Menschen betreffen. Aber Vorsicht! Ein „Zivilrechtssystem“ ist etwas ganz anderes, nämlich ein System, in dem die Gesetze in einem Gesetzbuch oder Kodex niedergeschrieben sind. Und jetzt wird es kompliziert: Sowohl Zivilrechtssysteme als auch Systeme mit Richterrecht und Fallrecht verfügen beide über ein Zivilrecht UND ein Strafrecht. Verwirrend, oder?
Die meisten europäischen Länder haben ein Zivilrechtssystem, wie zum Beispiel **Spanien** und **Litauen**.
Unser Rechtssystem ähnelt den Systemen in Deutschland und Frankreich, weil wir Teile ihrer Systeme übernommen haben.
In **Saudi-Arabien** gilt islamisches Recht.
China
Japan
Saudi-Arabien
Oman
Jemen
Indien
China, Südkorea und **Japan** haben Zivilrechtssysteme.
Jemen und **Oman** folgen einer Mischung aus islamischem Recht und Gesetzen, die von ihren Parlamenten erlassen werden.
Indien kombiniert Richterrecht und Fallrecht, religiöses Recht, Gewohnheitsrecht sowie vom Parlament erlassene Gesetze.
In Australien gilt ein Rechtssystem, das dem englischen ähnelt, weil wir früher von Großbritannien kontrolliert wurden.
Bei uns auch! Das Gleiche gilt für einige afrikanische und karibische Länder, für Indien, Kanada, Malaysia und noch einige andere.
Australien
In **Australien** und **Neuseeland** gilt ein System mit Richterrecht und Fallrecht neben Gesetzen, die von ihren Parlamenten verabschiedet werden.
Neuseeland

Von Richtern erlassene Gesetze

Das Richterrecht entwickelt sich immer weiter. Mit jedem neuen Fall werden die Gesetze, die auf den Entscheidungen der Richter beruhen, präziser. Das folgende Beispiel nahm vor über 100 Jahren seinen Anfang.

Im Jahr 1884 erlitten englische Seeleute vor der Küste Südafrikas Schiffbruch. Sie trieben wochenlang in einem Boot umher und starben fast vor Hunger und Durst.

Wir sollten Richard töten und ihn aufessen. Sieh ihn dir nur an. Er ist krank und wird sowieso bald sterben.
Edwin Stephens
Ich habe damit nichts zu tun!
Edmund Brooks
Ja! Er kann ruhig für uns sterben, denn wir haben im Gegensatz zu ihm Familien, die auf uns warten.
Tom Dudley
Richard Parker

Einige Tage später ...
Richard fehlt mir.
Schau! Ein Schiff! Wir sind gerettet!

Zu Hause in England wurden Dudley und Stephens wegen Mordes angeklagt. Ihre Verteidiger brachten vor, dass es notwendig gewesen sei, Richard Parker zu töten, um selbst zu überleben. Doch nach einem Verfahren und einer Berufung entschieden die Richter, dass die beiden des Mordes schuldig waren.

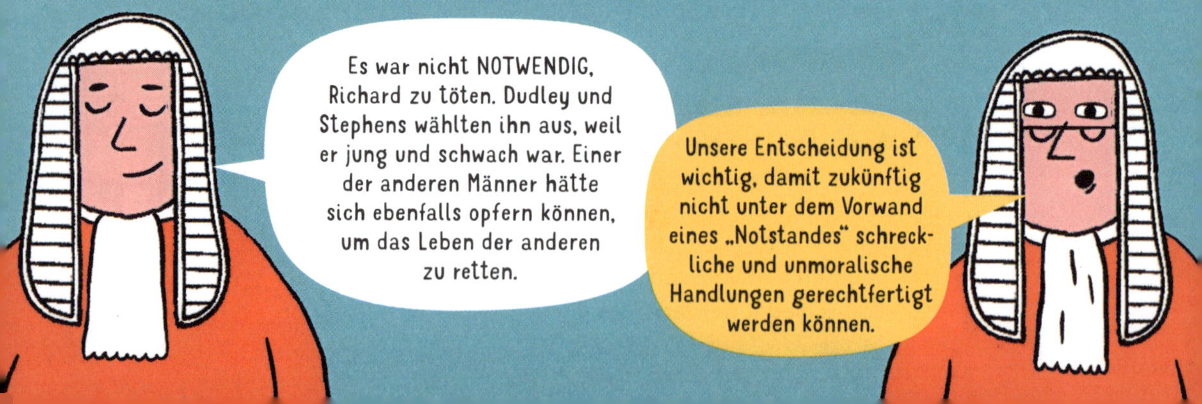
Es war nicht NOTWENDIG, Richard zu töten. Dudley und Stephens wählten ihn aus, weil er jung und schwach war. Einer der anderen Männer hätte sich ebenfalls opfern können, um das Leben der anderen zu retten.
Unsere Entscheidung ist wichtig, damit zukünftig nicht unter dem Vorwand eines „Notstandes" schreckliche und unmoralische Handlungen gerechtfertigt werden können.

Seit dem „Schiffbruchfall“ konnte im englischen Recht kein „Notstand“ für die Tötung einer Person geltend gemacht werden. Im Jahr 2000 ergab sich jedoch eine Situation, die dieses Gesetz auf die Probe stellte: die Geburt von Zwillingen, deren Körper zusammengewachsen waren.

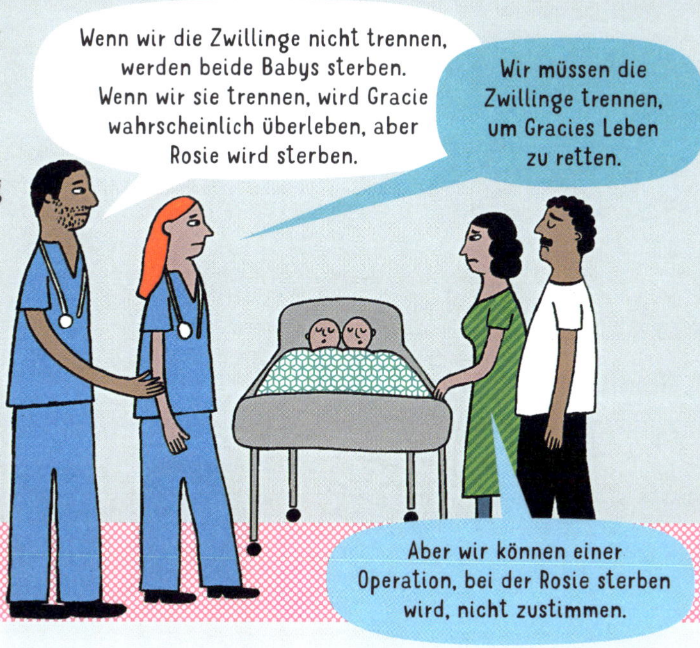
Wenn wir die Zwillinge nicht trennen, werden beide Babys sterben. Wenn wir sie trennen, wird Gracie wahrscheinlich überleben, aber Rosie wird sterben.
Wir müssen die Zwillinge trennen, um Gracies Leben zu retten.
Aber wir können einer Operation, bei der Rosie sterben wird, nicht zustimmen.

Die Ärzte und die Eltern kamen zu keiner Einigung und so ging der Fall vor Gericht. Die Richter mussten entscheiden, ob die Ärzte Rosies Leben beenden durften, weil dies *notwendig* war, um Gracies Leben zu retten. Am Ende entschieden sie, dass die Zwillinge getrennt werden sollten. Sie begründeten ihr Urteil so:

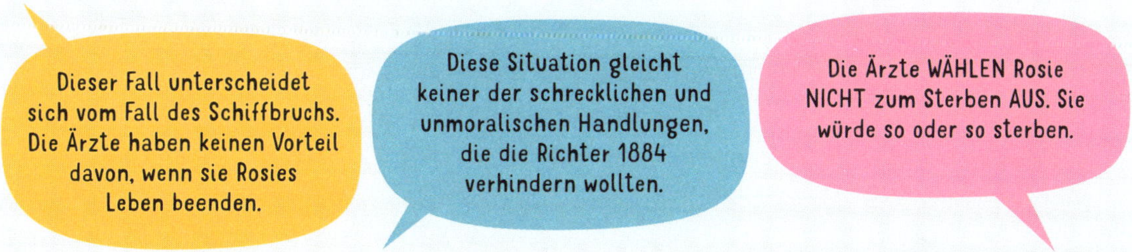
Dieser Fall unterscheidet sich vom Fall des Schiffbruchs. Die Ärzte haben keinen Vorteil davon, wenn sie Rosies Leben beenden.
Diese Situation gleicht keiner der schrecklichen und unmoralischen Handlungen, die die Richter 1884 verhindern wollten.
Die Ärzte WÄHLEN Rosie NICHT zum Sterben AUS. Sie würde so oder so sterben.

Rosie starb infolge der Operation, aber Gracie überlebte und entwickelte sich gut.

Jetzt heißt es im Gesetz, dass ein „Notstand“ nicht geltend gemacht werden kann, um eine Tötung zu rechtfertigen, *es sei denn* …

… es ist ein seltener medizinischer Fall …

… die Tötung einer Person ist ganz klar das geringere Übel …

… das Opfer, das sterben muss, wird nicht *ausgewählt*.

Von Richtern erlassene Gesetze werden in schriftlichen **Urteilssprüchen** festgehalten und nach Abschluss des Verfahrens veröffentlicht. Alle beteiligten Richter beschreiben ihre individuellen Gründe für die Entscheidung. Dadurch verstehen andere Richter, wie das Gesetz in zukünftigen Fällen angewendet werden soll.

Vom Parlament erlassene Gesetze

Die Politiker, die in einem Parlament sitzen, werden in der Regel von der Bevölkerung gewählt – und diese erwartet, dass die gewählten Vertreter vernünftige Gesetze erlassen. Wenn sie über die Einzelheiten eines neuen Gesetzes debattieren, müssen sie also immer an ihre Wähler denken.

Frankreich, 2019

Ein neues Gesetz beginnt als **Gesetzentwurf**.

Gesetzentwürfe werden von Politikern vorgeschlagen, die im Parlament sitzen.

Die Bürger werden meinen neuen Entwurf LIEBEN. Dadurch gibt es in Frankreich in Zukunft viel weniger Plastikmüll.
Einer meiner Vorschläge besagt, dass alle Bürger ein sogenanntes **Pfand** bezahlen müssen, wenn sie etwas in einer Plastikflasche kaufen. Bringen sie die Flasche zurück ins Geschäft, bekommen sie auch ihr Pfand zurück.

Dann wird über den Entwurf diskutiert. In Frankreich und vielen anderen Ländern besteht das Parlament aus zwei Teilen oder **Kammern**: dem **Senat** und der **Nationalversammlung** (in Deutschland heißen sie Bundestag und Bundesrat). Jeder Gesetzentwurf wird beiden Kammern vorgelegt, um möglichst viele Meinungen zu berücksichtigen.

Im Senat ...

Im Grunde gefällt mir der Entwurf. Aber ein System zur Rückgabe von Plastikflaschen ist eine dumme Idee! Es lenkt vom eigentlichen Ziel ab, überhaupt auf Plastik zu verzichten!
Meine Wähler schicken mir verärgerte Briefe, in denen sie diesen Bestandteil des Entwurfs strikt ablehnen.
Ja! Dieser Teil muss gestrichen werden.
Ja, das stimmt!
Senatoren

Die Politiker schlagen eine überarbeitete Version des Gesetzentwurfs vor, einen sogenannten **Änderungsantrag**, über den anschließend abgestimmt wird. Der abgeänderte Text kommt dann vor die andere Kammer.

In der Nationalversammlung ...
Die Senatoren haben das Rückgabesystem für Plastikflaschen herausgenommen, aber ich möchte es wieder in den Entwurf aufnehmen.
Ich stimme zu!
Dem stimme ich zu. Frankreich recycelt nicht genug Plastik. Das Pfandsystem wird uns dabei helfen, mehr Kunststoff wiederzuverwerten.
Meine Anhänger werden mit mir zufrieden sein.
Mitglieder der Nationalversammlung, sogenannte Abgeordnete

Wenn sich die beiden Kammern nicht einigen können, wird nach einem Kompromiss gesucht.

Wie wäre es, wenn wir die Einführung eines Pfandsystems auf später VERSCHIEBEN. Recycelt Frankreich bis zum Jahr 2023 immer noch nicht genug Kunststoff, DANN können wir das System einführen.
Okay, darauf könnten wir uns einigen.
Ja, das hört sich gut an.
Ich frage mich, was die Bürger davon halten.
Senatoren
Abgeordnete

Stimmen beide Kammern demselben Gesetzestext zu, kann der Entwurf offiziell als neues Gesetz übernommen werden. Aber wie lange wird dieses Gesetz gelten? Wenn nach der nächsten **Wahl** andere Politiker im Parlament sitzen, können sie die bestehenden Gesetze abschaffen und durch neue ersetzen – solange die *neuen Politiker* den neuen Entwürfen zustimmen.

Regeln zum Aufstellen von Regeln

Jede organisierte Gruppe – sei es ein Land oder ein Sportverein – verfügt über Regeln, zum Beispiel dazu, wie die Gruppe geführt und wie Entscheidungen getroffen werden. Diese Regeln sind in einer Verfassung festgeschrieben.

Hallo, ich heiße Nils. Kann ich eurer Gruppe beitreten? Das sind meine Kuscheltiere. Ich besitze insgesamt 700.
Klub der Einhornsammler
Ähm, nein. Wir sind ein Einhornsammler-Club. Keins deiner Kuscheltiere ist ein Einhorn. Das in deinem Arm ist ein Tiger. Außerdem sehe ich eine Giraffe. Und eine Schlange!
Och, könnt ihr nicht mal eine Ausnahme von euren Regeln machen? Ich möchte eurem Klub wirklich gern beitreten.
Nein! In unserer Satzung* steht, dass wir ein Klub für Sammler von kuscheligen EINHÖRNERN sind.
Könnt ihr die Satzung nicht ändern, damit alle Kuscheltiere zugelassen sind?
Also, theoretisch könnten wir das schon. Es gibt aber eine Vereinbarung, nach der jedes einzelne Klubmitglied einer Änderung der Satzung zustimmen muss.
Holly wird niemals zustimmen. Wenn wir dich als Mitglied aufnehmen, hat sie nicht mehr die meisten Kuscheltiere in unserem Klub. Sie hat NUR 600 Einhörner.
Einhorn-Satzung

* Eine Satzung ist die Verfassung eines Vereins.

Die Verfassung der Vereinigten Staaten von Amerika ist das berühmteste Beispiel für die Verfassung eines Landes. Hier ist ihre Entstehungsgeschichte.

In den 1780er-Jahren erklärten 13 amerikanische Staaten nach einem erbitterten Krieg ihre Unabhängigkeit von England.

Die Staaten wollten friedlich miteinander auskommen, aber ohne klare Regeln gab es Spannungen zwischen ihnen.

1787 trafen sich Vertreter der Staaten, um eine Verfassung für ihre neue Nation – die Vereinigten Staaten von Amerika – zu erarbeiten.

In Artikel 1 und 2 sind ein Kongress mit zwei Teilen – oder Kammern – sowie ein Präsident festgeschrieben, der in einem Eid versprechen muss, die Verfassung zu verteidigen.

Artikel 3 besagt, dass der Oberste Gerichtshof prüfen kann, ob ein Gesetz gegen die Verfassung verstößt.

Artikel 5 besagt, dass einer Änderung der Verfassung zwei Drittel beider Kammern des Kongresses zustimmen müssen.

Nicht alle Länder haben eine Verfassung, die alle Gesetze zur Führung des Landes in *einem einzigen* Dokument festhält. Doch auch wenn diese Gesetze an verschiedenen Stellen niedergeschrieben sind, werden sie als **Verfassungsrecht** bezeichnet.

Die Verfassung der USA

Seit 1787 wurde die US-amerikanische Verfassung um 27 Zusatzartikel erweitert. Die bedeutendsten von ihnen betrafen die Sklaverei, die es erlaubte, einen anderen Menschen wie einen Gegenstand zu besitzen.

Vom 16. bis zum 19. Jahrhundert wurden über zehn Millionen Menschen aus Westafrika versklavt und nach Amerika gebracht.

Über viele Generationen hinweg mussten sie für ihre „Besitzer“ schuften und wurden gegen Geld gehandelt.

Bei ihrer Verabschiedung im Jahr 1787 enthielt die Verfassung noch kein Verbot der Sklaverei. Das lag daran, dass viele „Väter“ der Verfassung selbst Sklaven besaßen.

Sklaverei ist moralisch falsch!
Ich weigere mich, auf meine Sklaven zu verzichten. Sie sind viel Geld wert.

Die Verfassung der USA erklärte offiziell, dass ein schwarzer Mensch nur drei Fünftel so viel wert war wie ein weißer Mensch.

Von 1861 bis 1865 tobte ein blutiger Krieg zwischen den Nordstaaten und den Südstaaten der USA. Die Nordstaaten waren gegen die Sklaverei, die Südstaaten dafür.

Mit dem Sieg der Nordstaaten wurde die Verfassung erweitert.

1865
Artikel 13
schaffte die Sklaverei mit Ausnahme für Straftäter ab.

1866
Artikel 14
erklärte ehemalige Sklaven zu Bürgern der USA und verlieh allen Bürgern die gleichen Rechte.

1869
Artikel 15
verbot es, Personen das Wahlrecht zu verweigern, nur weil sie einer anderen „Rasse“ angehörten oder früher Sklaven gewesen waren.

Wie Linda Brown Geschichte schrieb

100 Jahre später behandelten viele Gesetze schwarze Amerikaner immer noch anders als weiße, obwohl sie laut Verfassung die gleichen Rechte besaßen. Dass eines davon 1954 abgeschafft wurde, ist einem kleinen Mädchen zu verdanken.

Die achtjährige Linda Brown musste jeden Morgen einen weiten Weg zur Schule zurücklegen, obwohl es eine andere Schule in ihrer Nähe gab – doch diese war nur für weiße Kinder.

Ich muss so weit laufen und mir ist eiskalt.

Im US-Staat Kansas, in dem Linda lebte, gab es ein Gesetz, das die **Rassentrennung** an Schulen vorschrieb. Das heißt, dass schwarze und weiße Kinder nicht dieselbe Schule besuchen durften.

WEISSE KINDER
SCHWARZE KINDER

Lindas Vater wollte seine Tochter in der nächstgelegenen Schule anmelden, aber der Direktor lehnte seinen Antrag ab. Vorurteile gegenüber schwarzen Menschen, sogenannter Rassismus, waren noch weit verbreitet.

Schwarze und weiße Kinder dürfen auf keinen Fall miteinander spielen! Sonst heiraten sie am Ende noch, wenn sie groß sind. UNVORSTELLBAR!

Linda und ihr Vater zogen vor Gericht. Das Verfahren ging bis zum Obersten Gerichtshof.

Schulen mit Rassentrennung verstoßen gegen den 14. Zusatzartikel der Verfassung, da schwarze und weiße Kinder nicht gleich behandelt werden.
Lindas Anwalt
Anwalt für das Bildungsministerium
Aber die Schulen bieten die gleiche Bildung, daher ist es egal, wenn sie nach Rassen getrennt sind.

In einer wissenschaftlichen Studie wurden schwarze Kinder gefragt, ob sie lieber mit weißen oder mit schwarzen Puppen spielten.

Diese Puppe ist schwarz, also muss sie schlecht sein.
Diese Puppe ist weiß, also muss sie gut sein.

Es zeigte sich, dass sich schwarze Kinder aufgrund der Rassentrennung unterlegen fühlten.

Die Richter waren tief betroffen und entschieden, dass Gesetze zur Rassentrennung in Schulen *verfassungswidrig* seien und abgeschafft werden müssen.

Wenn schwarze Kinder getrennte Schulen besuchen müssen, schadet das ihrem Selbstwertgefühl und verwehrt ihnen die gleichen Chancen. Durch getrennte Schulen genießen sie nicht die gleichen Rechte.

Der Fall führte mit der Zeit zu mehr Gleichberechtigung an Schulen.

Hat Großbritannien eine Verfassung?

Großbritannien besitzt keine *kodifizierte* Verfassung, sein Verfassungsrecht ist also nicht in *einem* Dokument zusammengefasst. Stattdessen basiert es auf verschiedenen Schriftstücken – und manches ist gar nicht festgeschrieben.

Manche Verfassungsbestandteile reichen viele Jahrhunderte zurück, als alle Macht in der Hand einer Königin oder eines Königs lag.
Ich entscheide ALLES!
GESCHICHTE
Könige wissen alles besser
GESETZBUCH
GESETZE
Englisches Recht
Sehr alte Gesetze
Mittelalterliche Gesetze
Königliche Macht
Über die Jahrhunderte hinweg erhielt das britische Parlament durch verschiedene Gesetzestexte mehr und mehr Machtbefugnisse.
WESTMINSTER
Parlamentarische Macht
Das Parlament tritt in regelmäßigen Abständen zusammen.
Die Königin oder der König kann Gesetze nicht einfach außer Kraft setzen.
Die Königin oder der König darf nur mit Zustimmung des Parlaments Steuern erheben.

Die derzeitige Königin verfügt *theoretisch* immer noch über bestimmte königliche Rechte, sogenannte **Hoheitsrechte**.

Alle vom Parlament erlassenen Gesetze müssen von der Königin genehmigt werden.
Die Königin beendet jeweils die laufende Sitzungsperiode des Parlaments (Prorogation) und eröffnet die folgende.
Die Königin verfügt über die Macht, die Armee in den Krieg zu schicken.

Heutzutage gelten jedoch einige ungeschriebene Traditionen oder **Konventionen**, wer tatsächlich die Entscheidungen trifft.

Nach einer Wahl ernennt die Königin den **Premierminister** (PM). Das Amt übernimmt der Anführer der stärksten Partei im Parlament.
Die Königin eröffnet und beendet eine Sitzungsperiode, wenn der PM sie dazu auffordert.
Tatsächlich stimmt die Königin ALLEN Gesetzen zu, die das Parlament erlässt.
Tatsächlich entscheidet der PM, ob das Land in einen Krieg eintritt oder nicht.

Einige Bestandteile der Verfassung sind auch durch gerichtliche Entscheidungen erfasst. Auf Seite 57 findest du dazu einen Fall aus dem Jahr 2019 vor dem Obersten Gerichtshof.

Premierminister vs. Parlament

2019 stand Großbritannien kurz davor, die Europäische Union (EU) zu verlassen. Die EU ist ein Verbund von europäischen Staaten, die miteinander Handel treiben und gemeinsame Gesetze erlassen.

Premierminister Boris Johnson wollte, dass das Parlament seinem Plan zum Austritt aus der EU zustimmt.
Es stimmte aber immer wieder dagegen.
NEIN
NEIN
NEIN
NEIN
NEIN
Johnson bat die Königin darum, das Parlament für fünf Wochen zu schließen.
Gut, Herr Johnson, wenn Sie es wünschen …

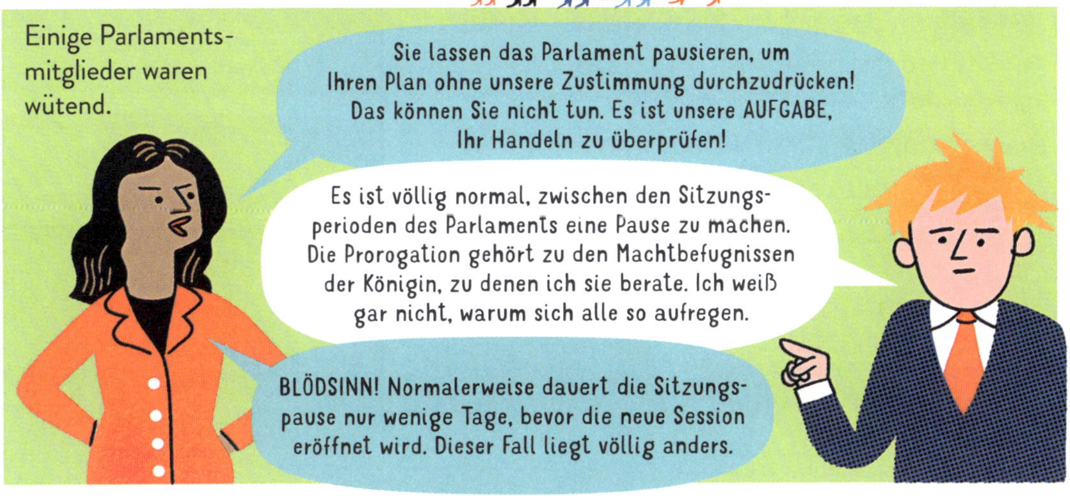
Einige Parlamentsmitglieder waren wütend.
Sie lassen das Parlament pausieren, um Ihren Plan ohne unsere Zustimmung durchzudrücken! Das können Sie nicht tun. Es ist unsere AUFGABE, Ihr Handeln zu überprüfen!
Es ist völlig normal, zwischen den Sitzungsperioden des Parlaments eine Pause zu machen. Die Prorogation gehört zu den Machtbefugnissen der Königin, zu denen ich sie berate. Ich weiß gar nicht, warum sich alle so aufregen.
BLÖDSINN! Normalerweise dauert die Sitzungspause nur wenige Tage, bevor die neue Session eröffnet wird. Dieser Fall liegt völlig anders.

In England und Schottland wurde Anklage gegen den Premierminister erhoben und der Fall kam vor den Obersten Gerichtshof. Die Richter entschieden wie folgt:

Der Premierminister verfügt über die Macht, das Parlament zu vertagen. Für eine ungewöhnlich lange Parlamentspause müssen jedoch stichhaltige Gründe vorliegen.
Johnson hat nicht erklärt, warum das Parlament für eine so lange Zeit pausieren soll, daher war die Prorogation RECHTSWIDRIG.

Die Streitereien über den Austritt aus der EU (der 2020 schließlich erfolgte) setzten sich fort. Durch diesen Fall wurde jedoch ein Verfassungsrecht geklärt: Der Premierminister kann sich nicht einfach *aussuchen*, wann das Parlament ihn kontrollieren darf.

Gewaltenteilung

Die Regierenden haben *viel* Macht in einem Land. Damit jedoch nicht eine Person oder eine Gruppe *zu viel* Macht bekommt, legt das Verfassungsrecht vieler Länder fest, dass die staatliche Gewalt in drei Bereiche aufgeteilt sein muss.

Exekutive

An ihrer Spitze steht in der Regel eine einzelne Person, zum Beispiel ein **Präsident**, ein **Premierminister** oder ein **Kanzler**. Manchmal teilen sich auch zwei Personen diese Aufgabe, etwa ein Präsident und ein Premierminister.
Sie regieren das Land mit Unterstützung des Kabinetts.

Ich bin Angela Merkel und war von 2005 bis 2021 Bundeskanzlerin der Bundesrepublik Deutschland.

- Die Exekutive – die **ausführende Gewalt** – hat die Befugnis, Gesetze zu genehmigen, die von der Legislative beschlossen wurden.
- Die Exekutive führt die Gesetze aus, die die Legislative verabschiedet hat ...

  ... sie kann aber selbst entscheiden, wie schnell sie das tut und welchen Gesetzen sie Priorität einräumt.
- Zur Exekutive gehören in Deutschland neben der Regierung auch die Polizei, Verwaltungs- und Finanzbeamte, die Staatsanwaltschaft und viele mehr.
- Die Exekutive ernennt unabhängige Richter, die im Obersten Gericht sitzen ...

  ... aber nach deren Ernennung kann sie keinen Einfluss mehr auf die Entscheidungen der Richter ausüben.

Dieser Baum verdeutlicht die drei Bereiche oder Zweige der Macht.

Legislative

Dieser Bereich wird als Parlament, Kongress oder Versammlung bezeichnet. Der Bundestag ist ein Teil des deutschen Parlaments.

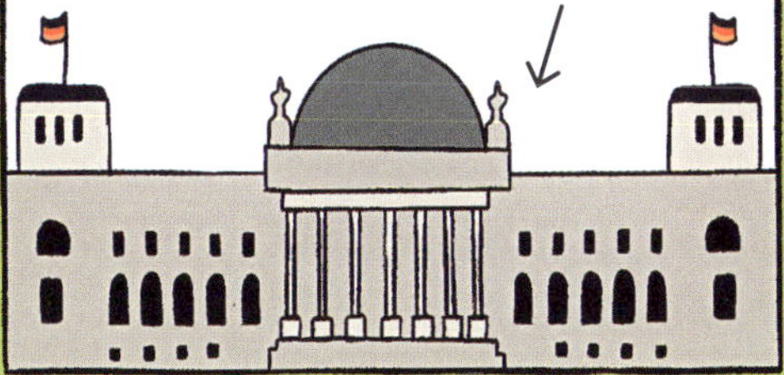

- Die Legislative – die **gesetzgebende Gewalt** – kann Abkommen oder Verträge ablehnen, die die Exekutive mit anderen Ländern geschlossen hat.
- Die Legislative richtet Ausschüsse für verschiedene Fachbereiche ein, die überwachen, was die Exekutive tut, und sie sorgt dafür, dass die Exekutive ihre Versprechen einhält.
- Die Legislative erlässt Gesetze, nach denen sich die Exekutive richten muss.

Judikative

Die Judikative ist unabhängigen Richtern anvertraut und wird durch Gerichte ausgeübt.

Wir sind drei wichtige Richter im deutschen Rechtssystem.

- Die Judikative – die **rechtsprechende Gewalt** – kann verfügen, dass eine Handlung der Exekutive gegen das Gesetz verstoßen hat. Dieses Prinzip, dass nichts mächtiger ist als das Gesetz, ist die sogenannte **Herrschaft des Rechts**.
- Die Judikative kann entscheiden, dass ein Gesetz „verfassungswidrig“ ist, da es gegen Rechte verstößt, die in der Verfassung festgelegt sind.

Ungeteilte Macht

Im Jahr 1933 wurde Adolf Hitler zum deutschen Reichskanzler ernannt. Obwohl er zunächst nur über die Exekutive verfügte, riss er schon bald die Gewalten der Legislative und der Judikative an sich.

Die **Gewaltenteilung** war damit durch ihn aufgehoben; er führte die Welt in einen Weltkrieg und befahl die Ermordung von Millionen von Menschen, darunter sechs Millionen Juden.

Gibt es auf dem Mond Gesetze?

Wie entsteht ein neues Land?

Kann ein Staat gegen das Gesetz verstoßen?

Kann ich in jedes beliebige Land reisen?

DARF ein Land mit einem anderen Land einen Krieg anfangen?

4. Gesetze über Grenzen hinweg

Du kannst in jeden beliebigen Winkel der Welt ein Paket schicken. Vielleicht hast du noch nie darüber nachgedacht, aber das ist nur möglich, weil sich alle Länder auf ein gemeinsames Postsystem geeinigt haben. Es gibt noch viele weitere internationale Abkommen dieser Art. Sie gehören zu einer Sammlung von Rechten und Gesetzen, die als **Völkerrecht** bezeichnet werden. Es regelt die Zusammenarbeit von Ländern und die Lösung internationaler Konflikte.

Was ist das Völkerrecht?

Die meisten internationalen Gesetze werden als **Staatsverträge** bezeichnet. Diese Abkommen zwischen Regierungen regeln die Zusammenarbeit zwischen den Ländern. Sie beeinflussen die weltweite Kommunikation, den Handel und die Art unserer Fortbewegung. Hier sind einige Beispiele:

Ich fliege diesen Sommer nach Mexiko, um Spanisch zu lernen.

Länder unterzeichnen Abkommen, damit Flugzeuge ihre Territorien überfliegen und dort auch landen dürfen.

Luftfahrt-abkommen

Der Wetterbericht sagt, dass es morgen regnen soll.

Europäische Länder haben ein Abkommen für ein gemeinsames Zentrum zur Wettervorhersage unterschrieben.

Europäisches Wetterab-kommen 1975

Wann verpflichtet sich die Regierung endlich dazu, die Umweltverschmutzung einzudämmen?
Es gibt nur eine Erde!

Länder können Abkommen unterzeichnen, in denen sie versprechen, zusammen an der Lösung umfassender Probleme zu arbeiten.

Pariser Klimaabkommen 2015
- **Wir werden den Schadstoffausstoß reduzieren.**
- **Wir werden den weltweiten Temperaturanstieg auf unter 2 °C begrenzen.**

Unterzeichnet: *190 Länder*

Zu köstlich!

Viele unserer Lebensmittel werden in anderen Teilen der Welt angebaut oder hergestellt. Länder versprechen in Abkommen, sich an bestimmte Regeln zu halten, was die Qualität der Lebensmittel angeht.

Verbraucher-schutzabkommen
GENEHMIGT

Die Unterzeichnung eines Abkommens gleicht der Unterzeichnung eines Vertrags. Die Länder müssen also ihr Bestes geben, um das Abkommen zu erfüllen. Verstoßen sie dagegen, können sie vor einem **internationalen Gericht** angeklagt werden.

Völkerrechtliche Vereinbarungen sind nicht immer schriftlich festgelegt. Manche Gesetze beruhen auf **Gewohnheiten**, also ungeschriebenen Regeln, die schon seit langer Zeit gelten.

Hallo Oma! Wie läuft es denn so in Sri Lanka?

Du kannst jemanden im Ausland anrufen, weil fast alle Länder der Welt Abkommen zu Kosten und Kommunikationseinrichtungen unterzeichnet haben.

Internationaler Telekommunikationsvertrag

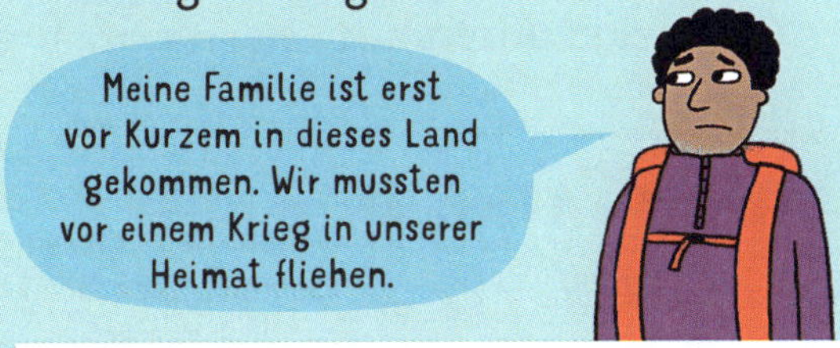
Meine Familie ist erst vor Kurzem in dieses Land gekommen. Wir mussten vor einem Krieg in unserer Heimat fliehen.

Regierungen stellen häufig Regeln dazu auf, wer in ihr Land einreisen und dort leben darf. **Flüchtlinge**, die vor einer Gefahr in einem anderen Land fliehen mussten, dürfen sie aber nicht abweisen. Das ist schon seit Langem ein internationaler Brauch.

Haben alle Menschen das Recht, eine Schule zu besuchen?
Ja, nach dem Völkerrecht genießen alle dieselben Menschenrechte, sie werden aber nicht überall eingehalten.
Allgemeine Erklärung der Menschenrechte
Unterzeichnende:
die ganze Welt

Einzelne Staaten können internationale Gesetze in ihre eigene Gesetzgebung integrieren.

Kanadisches Menschenrechtsgesetz 1977

Wenn ich eine Bank ausraube und in ein anderes Land fliehe, komme ich dann damit davon?

Wahrscheinlich nicht! Länder unterzeichnen auch Abkommen zur Kooperation bei der Jagd nach internationalen Verbrechern. Mehr darüber erfährst du auf Seite 72.

Abkommen über die Rechtshilfe in Strafsachen

Alle Abkommen und andere internationale Gesetze sind bei den **Vereinten Nationen** hinterlegt. Dieser internationalen Organisation gehören fast alle Länder der Welt an.

VÖLKERRECHT

Wie funktioniert das Völkerrecht?

Nach den Erfahrungen des Zweiten Weltkriegs gründeten Staatsoberhäupter aus der ganzen Welt 1945 die Vereinten Nationen (UN). Die internationale Organisation legt Regeln für alle Mitgliedsstaaten fest und unterstützt sie bei der friedlichen Beilegung von Konflikten.

Allgemeine Regeln

Fast alle Staaten der Welt sind Mitglied der Vereinten Nationen und bekennen sich zu ihren Grundsätzen. Das sind die wichtigsten:

- Wendet keine Gewalt gegen andere Länder an, außer es dient der Selbstverteidigung.
- Löst Probleme und Konflikte mit anderen Ländern auf friedliche Weise.
- Mischt euch nicht in die Angelegenheiten anderer Länder ein.
- Respektiert die Menschenrechte.
- Respektiert das Völkerrecht und haltet Versprechen ein, die ihr in Abkommen gegeben habt.

In der **Generalversammlung**, die einmal pro Jahr im UN-Hauptsitz in New York stattfindet, debattieren die Delegierten, die Vertreter der Länder, unter anderem über neue Vereinbarungen.

Hello.
Hallo.
Hola!
Witaj!
Selamat datang.

Verstößt ein Land gegen eine Regel oder bedroht es den Frieden, kann der **UN-Sicherheitsrat** Maßnahmen ergreifen und **Sanktionen** verhängen. Dazu gehört zum Beispiel, den Warenhandel mit dem Land zu verbieten.

Der Sicherheitsrat besteht aus 15 Ländern: fünf ständigen Mitgliedern (China, Frankreich, Russland, Großbritannien und die USA) und zehn anderen Ländern, die alle zwei Jahre neu gewählt werden.

Streitigkeiten schlichten

Der **Internationale Gerichtshof** (IGH) der Vereinten Nationen mit Sitz in den Niederlanden hat die Aufgabe, Streitigkeiten zwischen Ländern zu schlichten – wenn diese die Zuständigkeit des Gerichts mit seinen 15 gewählten Richtern aus aller Welt für ihren Fall anerkennen.

Sie haben uns nicht gesagt, dass sie umweltschädigende Fabriken an dem Fluss bauen, der an unserer gemeinsamen Grenze verläuft.
Wir haben es gesagt! Und wir haben die umweltfreundlichste Technologie eingesetzt, die es derzeit gibt.
Anwältin zur Vertretung von Argentinien
Anwalt zur Vertretung von Uruguay
Uruguay hätte Argentinien früher darüber informieren müssen. Wir denken aber, dass die Fabriken sicher genug sind und betrieben werden können.
Ich stimme dem nicht zu, aber ich wurde von den anderen überstimmt.
IGH-Richter
Richterin aus Argentinien

Straftäter bestrafen

Manchmal können oder wollen Länder nicht über schwere Straftaten entscheiden. Dann können die Angeklagten vor den **Internationalen Strafgerichtshof** (IStGH) gebracht werden, dessen gewählte Richter ebenfalls aus aller Welt stammen.

Der IStGH beschäftigt sich mit **Verbrechen gegen die Menschlichkeit**, zum Beispiel Massenmord, Sklaverei und Folter. Er entscheidet auch über **Kriegsverbrechen**, wie den Einsatz von Kindersoldaten, und Fälle von **Völkermord**, also der absichtlichen Vernichtung bestimmter Gruppen aufgrund ihrer Nationalität, Religion oder Herkunft.

2012
Der Internationale Strafgerichtshof hat den Rebellenchef Thomas Lubanga für schuldig erklärt, in der Demokratischen Republik Kongo Kinder entführt und als Kindersoldaten missbraucht zu haben. Er wurde zu einer Freiheitsstrafe von 14 Jahren verurteilt.

Was ist ein Land?

Beim Völkerrecht geht es meistens um die Beziehungen *zwischen* einzelnen Ländern. Aber was ist eigentlich ein Land oder Staat und wie wird das gesetzlich definiert?

Olá!
Brasilia
Brasilianischer National-kongress

Aus diesen Gründen ist Brasilien ein Land:

1. Es gibt ein festgelegtes Territorium.
2. Es gibt Menschen, die dauerhaft dort leben.
3. Es gibt eine Regierung, die das Land verwaltet und vertritt. Die brasilianische Regierung hat ihren Sitz in der Hauptstadt Brasilia.

Ein Land hat rechtliche Ansprüche ...

- Mitgliedschaft in internationalen Organisationen wie den Vereinten Nationen (UN).
- Entscheidungsfreiheit in Bezug auf Land und Bevölkerung

... und rechtliche Verpflichtungen:

- Anerkennung des Völkerrechts
- Anerkennung der Rechte und Freiheiten von Menschen
- Schlichtung von Konflikten mit anderen Ländern auf friedliche Weise, ohne Gewalt anzuwenden oder anzudrohen

Außerdem ist Brasilien ein Land, weil andere Länder es als solches behandeln. Ohne diese Anerkennung würden seine Rechte und Pflichten möglicherweise nicht respektiert.

Mein Heimatland Palästina wird von rund 50 Ländern nicht anerkannt. Deshalb ist es kein vollwertiges Mitglied der UN.

So entsteht ein neues Land

Manchmal wollen Menschen aus bestimmten Gründen einen neuen Staat gründen. Diese internationalen Regeln müssen dabei beachtet werden.

✗ Gewalt

Ich habe dieses Land erobert. Ich nenne es Volksland Thomas.

Nach dem Völkerrecht ist es verboten, ein neues Land durch den Einsatz gesetzeswidriger Gewalt zu gründen. Andere Länder dürfen das Land auch nicht rechtmäßig anerkennen.

✓ Wahlen

2008 konnten die Menschen im Süden von Sudan nach Jahrzehnten des Kriegs endlich Wahlen abhalten. Die meisten stimmten für die Gründung eines eigenen, vom restlichen Sudan unabhängigen Staates.

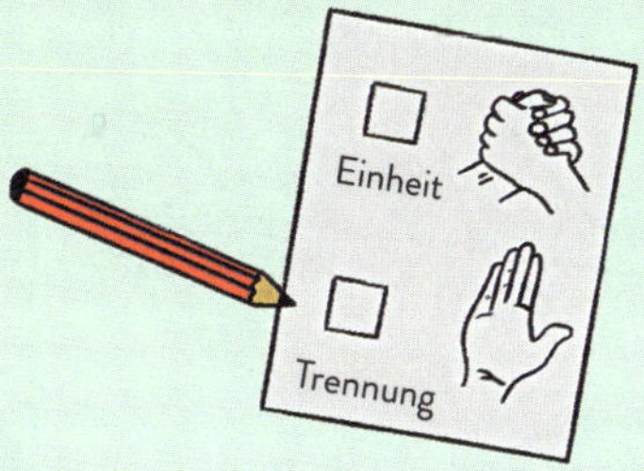
Einheit
Trennung

Die Wahl wurde von allen Staaten der Welt anerkannt, sodass Südsudan jetzt ein Mitglied der Vereinten Nationen ist.

✓ Unabhängigkeit

Nach dem Völkerrecht haben die Menschen ein Recht auf Unabhängigkeit – also das Recht, in einem Land zu leben, das nicht von einem anderen Land kolonisiert ist.

Zwischen 1950 und 1970 erhielten rund 60 Länder, die unter europäischer Kolonialherrschaft standen, ihre Unabhängigkeit zurück.

Malaysia
Kambodscha
Algerien
Sudan
Vietnam

Selbst wenn du alle Regeln zur Gründung eines neuen Staates befolgst, ist es schwierig, völlig unabhängig zu sein, wenn andere, insbesondere benachbarte Länder, deinen Status nicht anerkennen.

Kosovo erklärte im Jahr 2008 seine Unabhängigkeit von Serbien, nachdem die meisten Kosovaren für eine Abspaltung gestimmt hatten. Serbien erkennt uns jedoch bis heute NICHT an.

Kann ein Land das Gesetz brechen?

Faktisch können *Länder* nicht gegen das Gesetz verstoßen. Das können nur *Menschen*. Wenn jedoch eine Regierung oder jemand in ihrem Auftrag etwas tut, das nach dem Völkerrecht verboten ist, dann spricht man davon, dass das Land gegen das Gesetz verstößt. Hier ist ein Beispiel:

Im Jahr 1970 führten öffentliche Proteste in Iran zum Sturz des unbeliebten Anführers, des Schahs, der von den USA politisch und finanziell unterstützt wurde.

Der Schah floh in die USA.

1979 umstellten Demonstranten die Botschaft der USA in Iran. Sie forderten die Auslieferung des Schahs, damit er für seine Verbrechen verurteilt werden konnte.

Botschaft der USA
Wir lassen euch nicht raus, bis die USA den Schah zurück nach Iran schickt.

Die Demonstranten hielten die Angestellten der Botschaft über ein Jahr lang als Geiseln.

Die USA erhoben vor dem Internationalen Gerichtshof Anklage gegen Iran, um die Geiseln freizubekommen. Zuerst musste das Gericht diese Fragen beantworten:

Wurde gegen ein Gesetz verstoßen?

Trug ein Land die Verantwortung?

Nach einer Regel des Völkerrechts dürfen Botschaften und ihre Angestellten niemals angegriffen werden. Also lautet die Antwort: „Ja, es wurde gegen ein Gesetz verstoßen."
Die iranische Regierung hat die Demonstranten nicht dazu aufgefordert, die Botschaft anzugreifen. Sie hat sie jedoch auch nicht daran gehindert oder die Geiseln befreit. Also: „Ja, das Land trägt die Verantwortung."

Das Gericht ordnete an, die Geiseln freizulassen, doch nichts passierte.

Während und nach dem Gerichtsverfahren setzten die USA und Iran weitere rechtliche Mittel ein, um die Geiselnahme von Teheran zu beenden.

Verhandlungen

Beide Seiten sprachen über ihre Forderungen und suchten gemeinsam nach einer Lösung.

Wir lassen die Geiseln frei, wenn Sie den Schah ausliefern.
Wir werden darüber nachdenken.

Vergeltung

Nach dem Völkerrecht dürfen Länder zurückschlagen, um sich selbst zu schützen. Das wird als **Vergeltung** bezeichnet.

Wir haben beschlossen, iranische Geldmittel in US-Banken zu konfiszieren, bis die Geiseln freigelassen werden.
US-Präsident Jimmy Carter

Schlichtung

Beide Seiten bitten eine dritte Partei um Hilfe. Im Fall der Geiselnahme wurde Algerien darum gebeten, eine Lösung der Krise auszuhandeln. Die algerischen Schlichter konnten Iran davon überzeugen, die Geiseln im Austausch gegen die Rückzahlung der Gelder freizulassen.

Die Geiseln kommen nach Hause!

Schiedsverfahren

Ein **Schiedsverfahren** ähnelt einem Gerichtsverfahren, dabei können aber beide Seiten ihre Richter *auswählen*. Seit der Geiselkrise hat ein Schiedsgericht rund 4000 Streitfälle zwischen Iran und den USA gelöst.

Ihr schuldet uns etwas!
Nein, das tun wir nicht!
Ihr seid das schlimmste Land!
Nein, ihr seid das schlimmste!
Wie viel?!
Ihr spinnt ja wohl!

Streitigkeiten zwischen Ländern sind oft schwer zu lösen und können sich jahrelang hinziehen. Das Rechtssystem zur Bewältigung internationaler Konflikte ist zwar nicht perfekt, aber immer noch besser, als das Problem mit Waffen und Bomben zu lösen.

Sind Kriege legal?

Die Anwendung oder auch nur Androhung von Gewalt ist in der Regel gesetzlich verboten. Es gibt jedoch Situationen, in denen das akzeptiert wird. Wann ist der Einsatz von Gewalt deiner Meinung nach gerechtfertigt?

A Um ein Land zu erobern, weil die Bevölkerungszahl im eigenen Staatsgebiet wächst.

B Um nach einer Revolution und dem Sturz der Regierung die Ordnung in einem Land wiederherzustellen.

C Um einem Land, das angegriffen wird, bei seiner Verteidigung beizustehen.

D Um das eigene Land gegen ein angreifendes Land zu verteidigen.

E Um eine Regierung daran zu hindern, **Völkermord** – die systematische Vernichtung bestimmter Bevölkerungsgruppen – zu begehen.

Dem Völkerrecht zufolge ist es erlaubt, Gewalt zur Selbstverteidigung anzuwenden (Beispiel D). Außerdem darf der Sicherheitsrat der Vereinten Nationen den Einsatz von Gewalt gegen ein Land autorisieren, das den Weltfrieden bedroht (Beispiel C) – was jedoch selten vorkommt.

Sollte es erlaubt sein, Gewalt anzuwenden, um die Menschenrechte der Bevölkerung in anderen Ländern zu schützen (Beispiel E)? Zu dieser Frage gehen die Meinungen auseinander. Was denkst du?

Es ist GESETZLICH VERBOTEN, Gewalt anzuwenden und sich in die Angelegenheiten eines anderen Landes einzumischen!
Aber gar nichts zu unternehmen, ist UNMORALISCH! Ich finde es okay, Gewalt anzuwenden, um Menschen in Gefahr zu schützen.
Länder müssen jedoch zuerst alle anderen Möglichkeiten der Hilfe ausschöpfen, bevor sie Gewalt anwenden!

Kriegsrecht

Wenn ein Krieg ausbricht, egal aus welchem Grund, gelten für alle Länder der Welt besondere Gesetze. Sie gründen auf einem Abkommen aus dem Jahr 1864, der sogenannten Genfer Konvention. Das sind ihre wichtigsten Bestimmungen:

Nur militärische Ziele, zum Beispiel Luftwaffenstützpunkte, dürfen angegriffen werden. Angriffe auf Schulen, Krankenhäuser, Gotteshäuser oder Kultstätten sind verboten.

Menschen, die nicht an den Kämpfen beteiligt sind, sogenannte **Zivilisten**, müssen geschützt werden.

Armeen sind dazu verpflichtet, sich um ihre **Kriegsgefangenen** zu kümmern, also um die inhaftierten Soldaten oder Kämpfer der Gegenseite.

Internationale Organisationen, die den Opfern helfen, zum Beispiel das Internationale Komitee vom Roten Kreuz, müssen ihren Aufgaben nachkommen können.

Es ist gesetzlich verboten, Waffen wie Giftgase einzusetzen, die ALLE treffen können, nicht ausschließlich Soldaten.

Armeen sollten sich um die Verletzten, auch um die der Gegenseite, kümmern.

Wird in Kriegszeiten unnötiges Leid verursacht, zum Beispiel mit dem absichtlichen Angriff auf Zivilisten, spricht man von **Kriegsverbrechen**. Nach dem Völkerrecht müssen die Länder, deren Armeen Kriegsverbrechen begangen haben, Wiedergutmachung leisten, etwa mit Geld für den Wiederaufbau zerstörter Städte.

Internationale Verbrechen

Schwere Verbrechen wie Drogenhandel oder Terrorismus sind nur möglich, weil die Kriminellen über ein Netzwerk in verschiedenen Ländern verfügen. Sie zu überwachen und ihre Straftaten aufzudecken, ist keine leichte Aufgabe.

Die Internationale kriminalpolizeiliche Organisation **Interpol** unterstützt Polizei- und Justizbeamte weltweit bei der Verbrechensbekämpfung.

Ein Geschäftsmann sollte im Auftrag der deutschen Regierung Millionen Covid-19-Schutzmasken für die Bevölkerung kaufen.
April 2020
Wir haben gerade gehört, dass ein Beauftragter der deutschen Regierung getäuscht wurde und Geld an eine Verbrecherbande überwiesen hat. Bisher wissen wir Folgendes …
Das Tragen medizinischer Masken soll Ansteckungen verhindern.
Der Geschäftsmann stieß auf das Angebot eines niederländischen Unternehmens.
Wir verkaufen Ihnen 1,5 Millionen Masken, wenn Sie uns 1,5 Millionen Euro im Voraus zahlen.
Okay, das Geld wird jetzt überwiesen.
Kurz vor der Lieferung …
Das Geld ist nie bei uns angekommen! Zahlen Sie uns jetzt einen Teil der Summe, wenn Sie die Masken haben wollen. 880 000 Euro sollten genügen.
Seltsam. Aber gut, wir überweisen.
Die Masken kamen aber nie an.
Wo sind sie? Und wo ist das Geld abgeblieben? Ich muss die Polizei informieren!
Wir haben herausgefunden, dass die Verbrecher die Webseite einer echten niederländischen Firma kopiert haben. Über diese Webseite leiteten sie alle Bestellungen und Zahlungen auf sich um.

Interpol, Polizeikräfte und Justizbeamte aus ganz Europa arbeiteten zusammen, um das Geld aufzuspüren und die Täter zu verhaften.

Die Täter haben das Geld auf verschiedenen Bankkonten hin- und hergeschoben, damit es nicht so leicht nachverfolgt werden konnte. Aber am Ende haben wir die gesamte Summe gefunden!
FEHLENDE MILLIONEN
Dem Geld auf der Spur

Die irische Polizei fand 1,5 Millionen Euro auf einem irischen Bankkonto und verhaftete einen Tatverdächtigen.

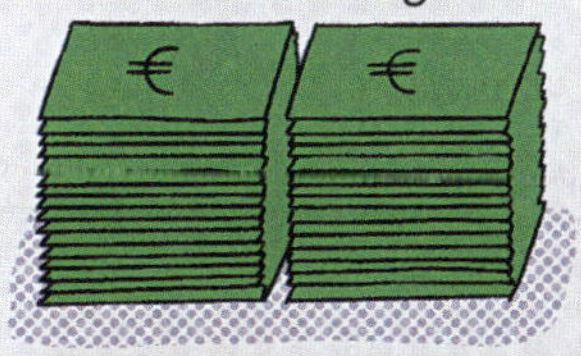

Die niederländische Polizei entdeckte 300 000 Euro auf einem niederländischen Bankkonto und verhaftete zwei Tatverdächtige.

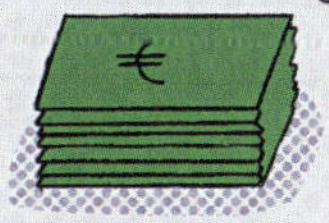

Eine britische Bank spürte den Rest des Geldes auf und verhinderte die Überweisung auf ein nigerianisches Bankkonto.

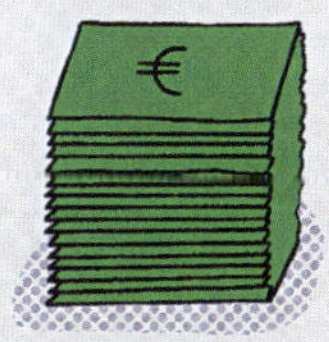

Welches Gericht?

In solchen Fällen stellt sich nach der Verhaftung die Frage, in welchem Land die Straftäter vor Gericht gestellt werden sollen.

In der Regel dort, wo das Verbrechen begangen wurde. Wird jemand in ein anderes Land überstellt, um ihn dort vor Gericht zu bringen, spricht man von einer **Auslieferung**.

Ihr könnt ihn haben, solange ihr versprecht, ihn gut zu behandeln und ihm ein gerechtes Verfahren zu ermöglichen.

Wird jemand angeklagt, ein Verbrechen in *zwei* Ländern begangen zu haben, ist die Sache komplizierter. Muss er in beiden Ländern vor Gericht gestellt werden?

Jemanden zweimal für dasselbe Verbrechen zu verurteilen, scheint keine gute Idee zu sein! Vielleicht könnten beide Länder zusammenarbeiten?

Fachleute für das Völkerrecht arbeiten weiterhin an einer guten Lösung für dieses Problem.

Weltraum, Luft und Meere

Was gehört welchem Land, wenn es um die Luft, das Meer oder den Weltraum geht? Mit solchen Fragen beschäftigen sich das Seerecht und das Weltraumrecht. Dass wir aber zusammenarbeiten und unser Wissen teilen müssen, um diese Räume zu schützen, darüber sind sich die meisten Menschen einig.

Nach dem **Weltraumvertrag** aus dem Jahr 1967 ist der Weltraum für alle offen und gehört niemandem.

Alle Weltraumentdeckungen und -erkundungen sollen friedlichen Zwecken dienen und zum Vorteil aller Menschen durchgeführt werden.

Ein riesiger Schritt für die Menschheit.

Alle Länder besitzen, was sie in den Weltraum schicken, und müssen sich entsprechend darum kümmern.

Länder besitzen die Räume über ihren Staatsgebieten, den sogenannten **Luftraum**. Das wurde erstmals 1919 im Pariser Luftfahrtabkommen festgelegt.

Internationale Raumstation (ISS)

Die Internationale Raumstation (ISS) ist ein gemeinsames Projekt der fünf Partner Europa, Russland, Japan, Kanada und USA. Jeder Partner ist für seine Astronauten und Ausrüstung verantwortlich. Dadurch gelten an Bord fünf verschiedene Gesetzgebungen.

Dieser chinesische Satellit sendet Informationen über das Wetter an Meteorologen weltweit.

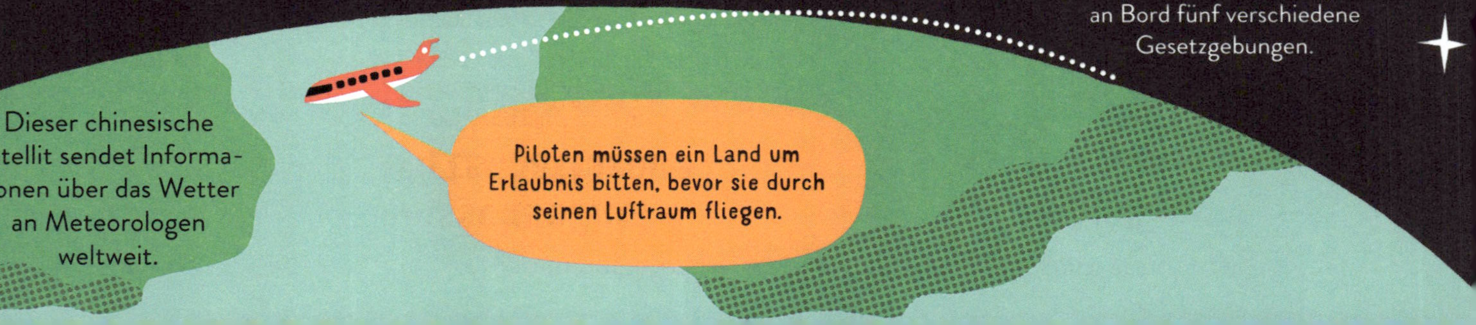
Piloten müssen ein Land um Erlaubnis bitten, bevor sie durch seinen Luftraum fliegen.

Das Seerechtsübereinkommen legt fest, welche Zonen des Meeres wem gehören und was dort erlaubt ist.

Hoheitsgewässer

Das Hoheitsgewässer – also das Meer vor der Küste eines Landes – reicht 12 Seemeilen (22 km) ins Meer hinaus. Schiffe aus anderen Ländern müssen um Erlaubnis fragen, wenn sie hier kreuzen wollen.

Ausschließliche Wirtschaftszone

Einem Land gehören alle Ressourcen, die sich bis zu 200 Seemeilen (370 km) entfernt von der Küste im Meer befinden. Fremde Schiffe und Luftfahrzeuge können sich in der Zone frei bewegen.

Hohe See

Der Rest der Meere wird als Hohe See bezeichnet. Alle Länder haben das Recht, die Hohe See zu befahren, Fischfang und Forschung zu betreiben sowie Kabel und Rohrleitungen zu verlegen.

Was ist mit UNSEREN Rechten? Das ist unser Zuhause!
Das Öl, das wir entdeckt haben, gehört Norwegen.
Boah, das ist ein DICKER Fisch!

Mehr über die rechtlichen Bemühungen, die Umwelt zu schützen, findest auf den Seiten 112 und 113.

Der Meeresboden der Hohen See gehört *allen* Ländern. Folglich müssen alle Forschungsergebnisse und Entdeckungen geteilt werden.

Haben Verbrecher auch Rechte?

Was ist Diskriminierung?

Heißt Meinungsfreiheit, dass man ALLES sagen kann?

Wer kämpft für die Menschenrechte?

5. Menschenrechte

Es bedarf einiger grundlegender Dinge, um ein menschenwürdiges Leben führen zu können. Dazu gehören materielle Güter wie Nahrung und Wohnen, aber auch Freiheiten, wie zum Beispiel die Möglichkeit, nach eigenem Wunsch eine Religion auszuüben. Man spricht dabei von den **Menschenrechten**.

Jedem Einzelnen *stehen* diese Menschenrechte *zu*, aber nicht alle können sie tatsächlich nutzen. Manchmal liegt es daran, dass ihr Leben von Armut, Gewalt oder Ungerechtigkeit bestimmt wird. In den vergangenen Jahrhunderten haben sich Gesetzgeber große Mühe gegeben, präzise Gesetze zu den Rechten der Menschen zu formulieren, damit sie durchgesetzt und nicht missachtet werden können.

Unsere Rechte

Ganz unabhängig von Hautfarbe, Religion, Fähigkeiten oder Vermögen haben *alle* Menschen dieselben **Menschenrechte**. Niedergeschrieben sind sie in der **Allgemeinen Erklärung der Menschenrechte**, die im Jahr 1948 von den Vereinten Nationen verkündet wurde. Zu diesen Rechten gehören:

Schulbuch
Geschichte

Recht auf Bildung

Recht auf Nahrung, Wohnen und ärztliche Versorgung

Ich mag den Präsidenten nicht.

Recht auf Gedankenfreiheit und freie Meinungsäußerung

Recht auf Freizügigkeit (sich innerhalb eines Staatsgebiets frei bewegen können) und auf Auswanderungsfreiheit

Recht auf Religionsfreiheit, einschließlich des Rechts, die Religion wechseln zu dürfen

Wählt Frida!

Recht auf gleiches Wahlrecht, um offizielle Vertreter frei wählen zu dürfen

Recht auf faire Gerichtsverfahren

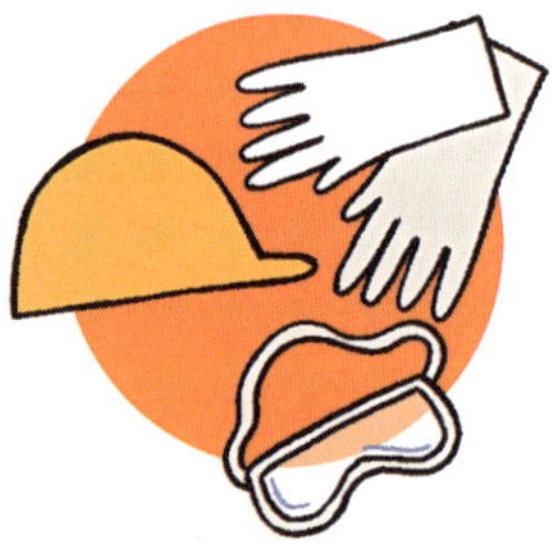

Recht auf sichere, fair bezahlte Arbeit

Besondere **Kinderrechte** bis zum Alter von 18 Jahren, zum Beispiel das Recht auf Spiel

Wir betrachten diese Rechte oft als selbstverständlich – bis wir sie verlieren.

Wie funktionieren Menschenrechte?

Stehen die Menschenrechte ALLEN Menschen zu? Oder gelten sie nur in den wohlhabenderen Gegenden der Welt?

Die Rechte stehen dir vom Moment deiner Geburt an zu, weil du ein Mensch bist. Doch obwohl wir alle diese Rechte *haben*, werden sie nicht für alle eingehalten.

Auch Tiere haben Rechte, wie das Recht, nicht gequält zu werden.

Sind die Menschenrechte ALLGEMEINGÜLTIG? Gibt es an anderen Orten nicht andere Traditionen?

Die meisten Länder haben Gesetze zum Schutz der Menschenrechte verabschiedet. Die Menschenrechte gründen auf Werten, die von Kulturen und Religionen in aller Welt geteilt werden.

Was bedeutet GLEICHBERECHTIGT?

Das bedeutet, dass DU dieselben Rechte hast wie jeder andere auch. Niemand darf dich aufgrund deines Geschlechts, deines Alters oder deiner Hautfarbe bevorzugen oder **diskriminieren**.

Sind manche Menschenrechte wichtiger als andere?

Nein, sie funktionieren als Ganzes. Wenn ein Recht wegfällt, geraten alle anderen in Gefahr. Wenn man kein Recht auf Arbeit hat, wie soll man dann Geld für Nahrung und eine Wohnung verdienen?

Kann man Menschen ihre Menschenrechte wegnehmen, weil sie zum Beispiel ein Verbrechen begangen haben?

Nein, aber einige Rechte *können* eingeschränkt werden, um andere Menschen zu schützen. Das ist zum Beispiel der Fall, wenn jemand ins Gefängnis kommt. Andere Rechte, wie das Recht, nicht **gefoltert** zu werden, *dürfen nicht* eingeschränkt werden.

Rechte im Gesetz

Wenn Rechte im Gesetz eines Landes verankert sind, kann man sie besser schützen, durchsetzen und einhalten. Hier erfährst du, wie das **Recht auf freie Meinungsäußerung** im *New Zealand Bill of Rights Act* (Grundrechte-Gesetz Neuseelands) definiert und garantiert ist.

Nach dem *Bill of Rights Act* haben alle Bürger das Recht, Informationen und Meinungen in jeder Form zu suchen, zu bekommen und weiterzugeben.
Die Regierung muss das Recht auf freie Meinungsäußerung *respektieren* und darf sich nicht einmischen – auch wenn sie selbst kritisiert wird.
Das Gesetz *schützt* die Redefreiheit. Du kannst vor Gericht ziehen, wenn dein Recht nicht respektiert wird.
Die Regierung muss das Recht *durchsetzen*, indem sie die Menschen beim Suchen, Teilen und Empfangen von Informationen unterstützt.
DIE REGIERUNG LÄSST DIE ÄLTEREN MENSCHEN IM STICH!
Ich habe meinen Job im Pflegeheim verloren, weil ich kritisiert habe, wie die Bewohner behandelt werden. Der Richter hat entschieden, dass meine Kündigung gesetzeswidrig war.
Ich schreibe einen Artikel über den Skandal in Pflegeheimen. Die Regierung hilft mir bei meiner Arbeit, indem sie mir Zugriff auf die jüngsten Inspektionsberichte von Pflegeheimen gewährt.

Das Recht auf freie Meinungsäußerung ist ein grundlegendes Recht, das geschützt werden muss. Ohne dieses Recht ist es nicht möglich, auf andere Menschenrechtsverletzungen aufmerksam zu machen, so wie im Beispiel der Zustände in Pflegeheimen.

Kann ich also *alles* sagen?

Manchmal kann es anderen Personen oder sogar ganzen Gemeinschaften schaden, wenn man seine Meinung äußert. In manchen Ländern schränken die Gesetzgeber die Redefreiheit zum Schutz anderer Menschen ein.

Es ist gesetzlich verboten, drohende oder beleidigende Dinge über eine Person in Bezug auf ihre Herkunft, ihr Geschlecht, ihre Sexualität oder ihre Religion zu äußern (**Hassrede**).

!!

Lügen über jemanden zu verbreiten, ist gesetzlich verboten und wird **Diffamierung** genannt.

@wackeldackel
Hey Follower, große Enthüllung.
@Sam101 ist ein DIEB.

Zum Schutz der nationalen Sicherheit dürfen manche Informationen per Gesetz nicht weitergegeben werden.

Der Geheimcode zur Zündung unserer Atomwaffen lautet ...
EILMELDUNG

Manchmal wollen Personen mit viel Macht die Redefreiheit für ihre ganz persönlichen Zwecke einschränken. Sie möchten dadurch vielleicht öffentlicher Kritik entgehen oder fragwürdige Geschäfte vertuschen.

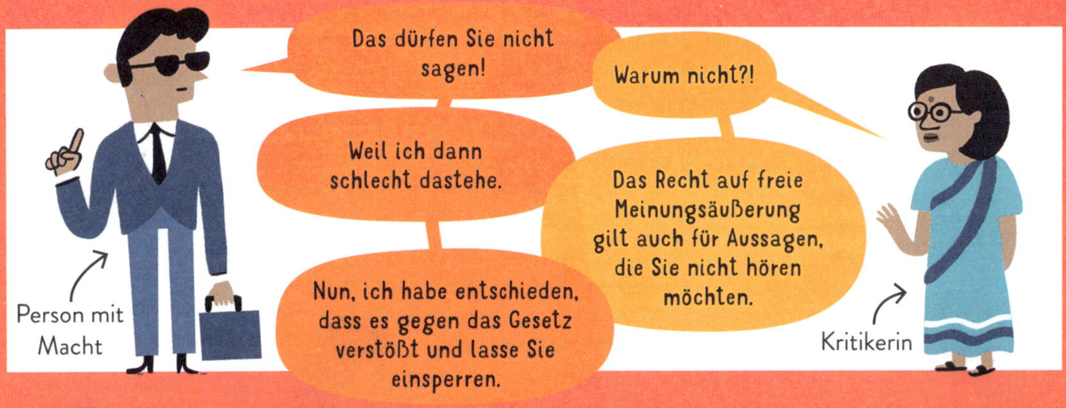
Das dürfen Sie nicht sagen!
Warum nicht?!
Weil ich dann schlecht dastehe.
Das Recht auf freie Meinungsäußerung gilt auch für Aussagen, die Sie nicht hören möchten.
Nun, ich habe entschieden, dass es gegen das Gesetz verstößt und lasse Sie einsperren.
Person mit Macht
Kritikerin

SIE DÜRFEN SIE NICHT EINSPERREN!

Oft decken Journalisten Menschenrechtsverletzungen auf und bringen sie an die Öffentlichkeit. Das verhindert zum Beispiel, dass Machthaber die Inhaftierung unliebsamer Kritiker einfach geheimhalten können.

Rechte durchsetzen

Auch wenn Rechte per Gesetz geschützt sind, haben manche von uns es schwerer als andere, ihre Rechte tatsächlich wahrzunehmen.

Da kann ich nicht hingehen, weil ich zu der Zeit arbeite.
ELTERN-LEHRER-VERSAMMLUNG
Neuer Termin
Donnerstag, 8. Oktober
14:00 Uhr
Bibliothek, 3. Stock
An dem Tag ist Jom Kippur. Ich kann auch nicht kommen.
Es gibt keinen Aufzug in den dritten Stock. Ich weiß nicht, wie ich die Treppe hochkommen soll.

Die Schule hatte wahrscheinlich nicht die *Absicht*, diesen Eltern die Teilnahme zu erschweren. Trotzdem spricht man hier von **Diskriminierung** – also davon, dass jemand aufgrund eines bestimmten Merkmals ungerecht behandelt wird, weil er beispielsweise eine körperliche Behinderung hat. Zum Schutz aller Menschen gibt es in vielen Ländern Antidiskriminierungsgesetze.

1999 entschied ein portugiesisches Gericht in einem Scheidungsfall, dass das Kind bei der Mutter und nicht beim Vater leben soll.
Das Gericht hat so entschieden, weil ich mit einem Mann zusammenlebe. Aber ich werde beim Europäischen Gerichtshof für Menschenrechte Berufung gegen das Urteil einlegen.
Der Europäische Gerichtshof befand, dass der Vater aufgrund seiner Sexualität diskriminiert worden war.
Das Problem war hier nicht, dass das Kind der Mutter zugesprochen wurde, sondern der *Grund* für diese Entscheidung.
In Portugal ist es jetzt gesetzlich verboten, in einem Scheidungsfall die Sexualität eines Elternteils in die Entscheidung einfließen zu lassen.

Mehrere Hürden

Wie sieht es jedoch aus, wenn man aus *mehreren* Gründen diskriminiert wird? In dieser Situation befinden sich viele Menschen, und dem Gesetz gelingt es oft nicht, sie zu schützen.

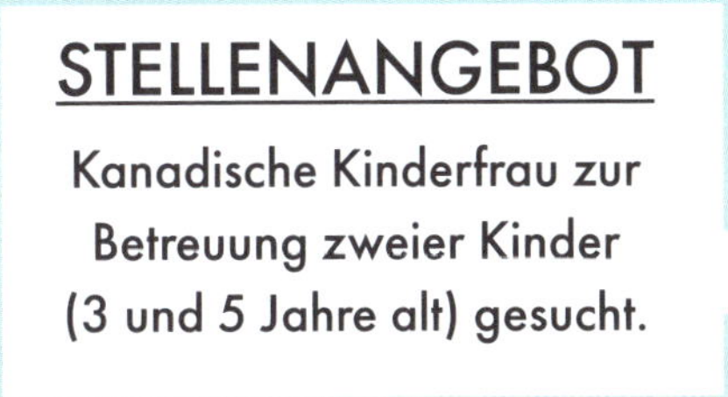
STELLENANGEBOT
Kanadische Kinderfrau zur Betreuung zweier Kinder (3 und 5 Jahre alt) gesucht.

Ich stamme nicht aus Kanada, daher werde ich bei dieser Stellenanzeige aus zwei Gründen diskriminiert.

Manchmal entsteht daraus eine ganz neue Art der Diskriminierung.

Sorry, die Angestellten dieses Geschäfts dürfen kein Kopftuch tragen.
Ich bin keine muslimische Frau. Diese Richtlinie bedeutet keine Diskriminierung für mich.
Ich bin ein muslimischer Mann. Die Richtlinie hindert mich nicht daran, hier zu arbeiten.
Ich werde hier jedoch diskriminiert, gerade weil ich eine MUSLIMISCHE FRAU bin, also nicht weil ich muslimisch bin *oder* weil ich eine Frau bin, sondern beides.

Diese Form der Diskriminierung wird als **intersektional** bezeichnet, was so viel wie „überschneidend" bedeutet. Anwälte und Gerichte sind sich bisher nicht einig, wie sie damit umgehen sollen.

Soll es eigene Gesetze geben, die vor intersektionaler Diskriminierung schützen?
Ist es nicht sowieso schon gesetzlich verboten, Personen aufgrund ihres Geschlechts oder ihrer Religion zu diskriminieren?
Ja, aber in diesem Fall lässt sich keine der beiden Diskriminierungen beweisen. Die Richtlinie diskriminiert nicht alle Muslime oder alle Frauen. Ohne spezifische Gesetze ist es schwierig, den Fall vor Gericht durchzusetzen.

Für Rechte kämpfen

Aktivisten sind Menschen, die sich für Veränderungen einsetzen. Dank ihnen sind viele unserer Rechte durch Gesetze geschützt. In den 1990er-Jahren kämpften Aktivisten in Großbritannien für ein Gesetz, das Menschen mit Behinderungen vor der Diskriminierung in öffentlichen Räumen schützt.

Protestieren

Wenn Menschen in Gruppen zusammenkommen, um ihre Meinung oder Sorge zu einer bestimmten Sache auszudrücken, wird das als **Protest** oder **Demonstration** bezeichnet. Das ist ein Menschenrecht.

WIR FORDERN DAS RECHT AUF BUSFAHREN
MEHR AUFZÜGE!
Ich muss einkaufen, arbeiten und Wege zurücklegen wie jeder andere auch. Aber das ist echt schwierig für mich, weil öffentliche Räume nicht für Menschen konzipiert sind, die in ihrer Mobilität eingeschränkt sind.
Wir wollen RECHTE, kein Mitleid.

Nicht alle Proteste erfordern große Menschenmengen. Auch kleine Aktionen können wirksam sein.

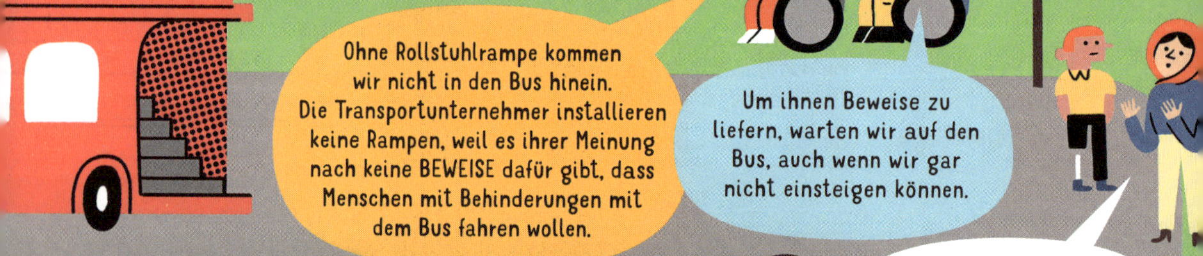
BUS
Ohne Rollstuhlrampe kommen wir nicht in den Bus hinein. Die Transportunternehmer installieren keine Rampen, weil es ihrer Meinung nach keine BEWEISE dafür gibt, dass Menschen mit Behinderungen mit dem Bus fahren wollen.
Um ihnen Beweise zu liefern, warten wir auf den Bus, auch wenn wir gar nicht einsteigen können.
Nicht unsere KÖRPER behindern uns, sondern Diskriminierung und fehlende Taten.

Bewusstsein schaffen

Damit Gesetze geändert werden können, muss sich oft zuerst die Einstellung der Menschen ändern – durch Informationen und Aufklärung zum Thema.

Barriere-FREIHEIT
Ich habe an der Uni einen Kurs belegt, um zu lernen, wie die Situation für Menschen mit Behinderung verbessert werden kann.

Personen, die versuchen, die Erfahrungen von diskriminierten Menschen zu verstehen, und sich aktiv für sie einsetzen, werden als **Verbündete** bezeichnet.

Das Gesetz herausfordern

Wer gegen etwas protestiert, geht manchmal große persönliche Risiken ein und widersetzt sich bestimmten Gesetzen, um seinen Standpunkt darzulegen. Das wird als **ziviler Ungehorsam** bezeichnet.

Ich habe mich an einen Bus gekettet, um unsere Botschaft in alle Welt zu tragen.
Sie können mich gern verhaften, aber Sie werden nicht weit kommen, weil Ihr Polizeiwagen keine Rampe hat.

Zusammenarbeiten

Im Hintergrund vieler Menschenrechtsbewegungen arbeiten verschiedene Organisationen Hand in Hand. Sie organisieren Proteste, sammeln Unterschriften für Petitionen, beauftragen Anwälte, um Gesetze infrage zu stellen, setzen Politiker unter Druck ...

Wir sind nicht immer derselben Meinung, aber das ist gut so. Jeder Mensch mit einer Behinderung ist anders, genau wie alle anderen auch!
NEIN ZU MITLEID!
ECHTE BEZAHLUNG FÜR ECHTE ARBEIT

1995 – nach vielen Jahren und vielen Kampagnen – wurde in Großbritannien endlich ein Gesetz gegen die Diskriminierungen von Menschen mit Behinderung verabschiedet. Diesem Gesetz zufolge müssen Arbeitsplätze und öffentliche Räume allen zugänglich sein. Veränderungen brauchen jedoch Zeit und es gibt noch sehr viel zu tun – ob es um neue Rampen geht oder das Umdenken der Menschen.

Rechte in Gefahr

Auf der ganzen Welt gibt es unzählige Fälle von Menschenrechtsverletzungen. Das lässt sich nur ändern, wenn wir die Probleme erkennen und auf sie aufmerksam machen, zum Beispiel auf diese hier:

Wir gegen die anderen

Journalisten, Politiker und Entscheidungsträger unterscheiden manchmal zwischen „uns" und „den anderen". Es scheint dann so, als seien die Rechte einiger Menschen mehr wert als die Rechte anderer – und das begünstigt Diskriminierungen, wie in diesem Beispiel einer Zeitungsüberschrift:

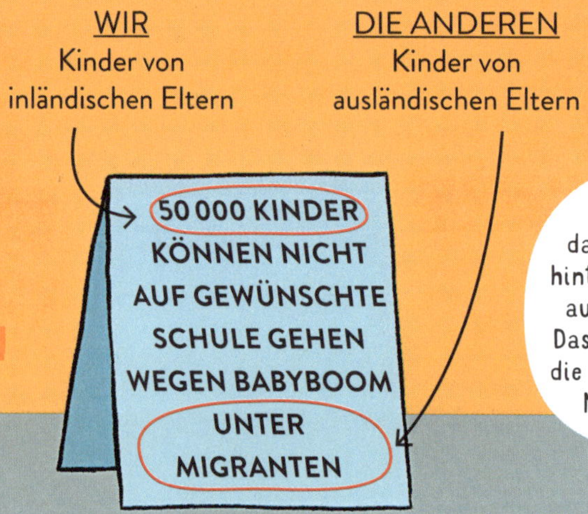

WIR
Kinder von inländischen Eltern
DIE ANDEREN
Kinder von ausländischen Eltern
50 000 KINDER KÖNNEN NICHT AUF GEWÜNSCHTE SCHULE GEHEN WEGEN BABYBOOM UNTER MIGRANTEN

Manche Leute denken, dass Kinder mit Migrationshintergrund weniger Anspruch auf einen Schulplatz haben. Das Problem sind jedoch nicht die Kinder. Das Problem ist der Mangel an Schulplätzen!

Recht vor Recht

Regierungen treffen mitunter Entscheidungen, die bestimmten Menschenrechten den Vorrang vor anderen Rechten geben, insbesondere in Krisenzeiten. Es kann zum Beispiel sein, dass die Polizei nach einem Terrorangriff Menschen eher festnehmen und länger in Haft behalten kann.

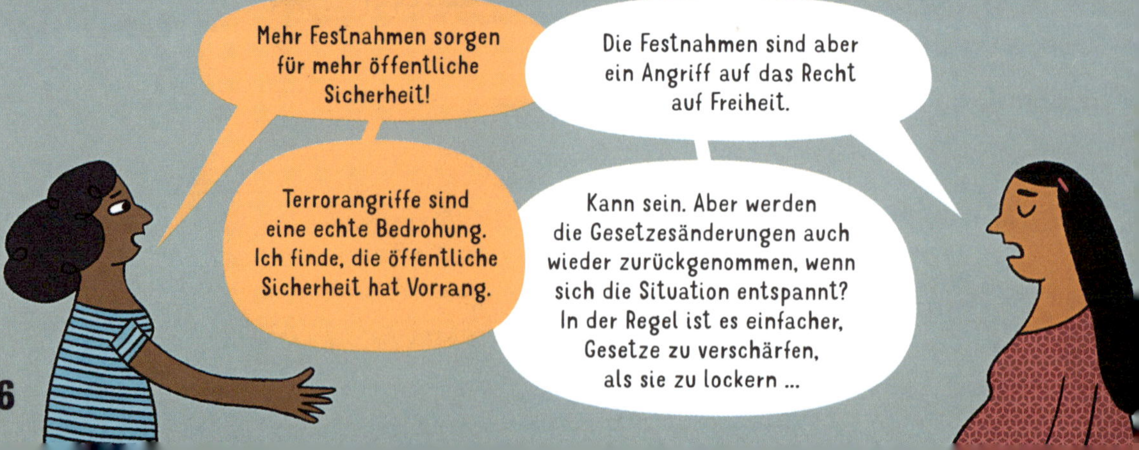

Mehr Festnahmen sorgen für mehr öffentliche Sicherheit!
Die Festnahmen sind aber ein Angriff auf das Recht auf Freiheit.
Terrorangriffe sind eine echte Bedrohung. Ich finde, die öffentliche Sicherheit hat Vorrang.
Kann sein. Aber werden die Gesetzesänderungen auch wieder zurückgenommen, wenn sich die Situation entspannt? In der Regel ist es einfacher, Gesetze zu verschärfen, als sie zu lockern ...

Initiative ergreifen

Wenn du ein Problem erkennst, kannst du selbst etwas tun, zum Beispiel Folgendes:

Informiere dich

Um eine Veränderung anstoßen zu können, musst du das Problem verstehen. Recherchiere mithilfe zuverlässiger Quellen, zum Beispiel Nachrichten-Webseiten, die Fakten. Denke immer daran, dass nicht alles wahr ist, was du hörst oder liest, und dass du manchmal nur die Meinung eines Einzelnen erfährst, insbesondere in sozialen Netzwerken.

Unterstütze eine Organisation

Finde heraus, ob es Organisationen oder gemeinnützige Vereine gibt, die sich bereits mit dem Problem beschäftigen. Du kannst dich für sie engagieren, indem du Spenden sammelst, ihre Botschaften verbreitest oder auf freiwilliger Basis für sie arbeitest.

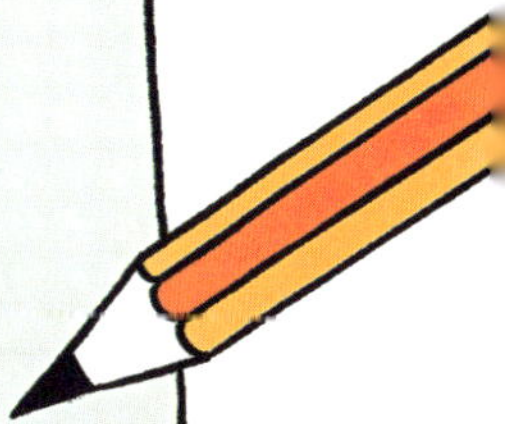

Schreibe an deine politischen Vertreter

Kontaktiere politische Vertreter in deiner Stadt und erkläre ihnen deine Sicht der Dinge.

Liebe Herausgeber,
ich schreibe Ihnen, weil ...

Stelle Medien infrage

Ist ihre Berichterstattung einseitig? Präsentieren sie *Meinungen* als Fakten?

Bleib nicht stumm

Verteidige die Menschenrechte und setze dich für sie ein, wenn du dich mit Menschen in deiner Umgebung unterhältst.

Sei immer respektvoll und höflich, dann wird man dir eher zuhören.

Es ist nicht allein die Aufgabe von Anwälten, Richtern oder Politikern, die Welt zu verbessern. Wir alle müssen den Mund aufmachen und uns gegen Ungerechtigkeit, Gewalt und Diskriminierung und für die Achtung der Menschenrechte einsetzen.

Sehen die höchsten Richter so aus wie ich?

Kann man Gerechtigkeit kaufen?

Sind Gesetze gerecht?

Behandelt die Polizei alle gleich?

6. Gerechtigkeit

Die Begriffe „Recht“ und „Gerechtigkeit“ werden oft in einem Atemzug genannt. Schließlich haben Recht und Gesetz mit all ihren Vorschriften, Gerichten, Anwälten und Richtern den Zweck, für Gerechtigkeit zu sorgen. Aber was *ist* eigentlich Gerechtigkeit?

Und haben alle Menschen auf der Welt denselben Zugang zu ihr?

Was ist Gerechtigkeit?

Gerechtigkeit bedeutet Fairness. Wenn eine gerechte Entscheidung gefällt wurde, dann hat man das Gefühl, das moralisch Richtige sei geschehen. Das kann aber durchaus Verschiedenes bedeuten.

Was bedeutet Gerechtigkeit beispielsweise für Melia? Sie lebt mit ihrer Mutter Imelda in der Nähe einer großen Chemiefabrik, die große Mengen schädlicher Gase ausstößt.

Melia ist durch die Luftverschmutzung sehr krank geworden.
Ich habe Probleme mit dem Atmen. Außerdem muss ich jeden Tag Medikamente nehmen.
Hust!
Hust!

Ein Unrecht berichtigen

Gerechtigkeit kann heißen, nach einem schlimmen Ereignis eine Wiedergutmachung zu leisten.

Imelda könnte das Unternehmen vor Gericht bringen, um Gerechtigkeit zu erlangen.

Ich fände es gerecht, wenn ein Gericht anerkennen würde, dass das Unternehmen etwas Unrechtes getan hat.
Und das Unternehmen sollte Melia eine Entschädigung zahlen, um für die Arztrechnungen aufzukommen. Das wäre fair!

Sind die Regeln fair?

Gerechtigkeit bedeutet auch: faire Regeln über Recht und Unrecht.

Melia kann nur eine Entschädigung bekommen, wenn es faire Regeln gibt, die sie vor der Luftverpestung schützen.

Glauben die Gesetzgeber wirklich, dass es okay ist, wenn eine Fabrik Menschen krank macht?

Faire Behandlung

Gerechtigkeit bedeutet zudem, dass vor dem Gesetz alle gleich behandelt werden.

Melia muss im Rahmen des Rechtssystems fair behandelt werden. Sie muss die gleichen Möglichkeiten wie jeder haben, eine Entschädigung zu erhalten.

Faire Chancen

Bei Gerechtigkeit geht es auch um die Frage, ob manche Mitglieder der Gesellschaft eher in schlimme Situationen geraten als andere, so wie es bei Melia der Fall ist.

Werden die Richter ihren Fall ernst nehmen?
Wie soll Imelda bloß das Geld für einen Anwalt aufbringen?
Ich bin mir sicher, dass sich die Fabrikbesitzer den besten Anwalt leisten können.
Die Verschmutzung ist in ärmeren Gegenden wie hier bei uns oft schlimmer. Das ist nicht fair und muss sich ändern. Unsere Kinder brauchen auch saubere Luft zum Atmen.

Unter dem Begriff **soziale Gerechtigkeit** versteht man, dass alle Menschen in einer „gerechten" Gesellschaft die gleichen Chancen und Möglichkeiten im Leben haben sollen. Viele Menschen, die mit Armut, Rassismus oder beidem zu kämpfen haben, sind aber oft benachteiligt, wenn es zum Beispiel darum geht, an eine gute Ausbildung, eine sichere Wohnung oder auch Gerechtigkeit innerhalb des geltenden Rechtssystems zu kommen.

Sind Gesetze gerecht?

Gesetze sollen dazu dienen, für Gerechtigkeit zu sorgen – darüber sind sich fast alle Menschen einig. Das heißt aber nicht immer, dass Gesetze das auch tun. Manchmal schaffen sie auch *Ungerechtigkeit.*

Ungleiche Behandlung

Manche Gesetze erschweren bestimmten Leuten das Leben. Diese Art der direkten Diskriminierung, die im Gesetz festgeschrieben ist, nimmt weltweit ab. In der jüngeren Vergangenheit gibt es jedoch noch genug Beispiele für Gesetze, die manche Gruppen diskriminieren oder ihre Diskriminierung zulassen.

Bis 2018 durften Frauen in Saudi-Arabien nicht Auto fahren.

Bis 1965 durften schwarze Menschen in den USA, die unter Armut litten, nicht an Wahlen teilnehmen.

Gleichgeschlechtliche Beziehungen können in über zehn Ländern noch immer mit dem Tod bestraft werden.

Bis 1970 war es in Großbritannien gesetzlich erlaubt, dass Männer für genau die gleiche Arbeit mehr Lohn bekamen als Frauen.

Bis 2021 war es Transgender-Personen nicht erlaubt, im US-amerikanischen Militär zu dienen.

In den 1930er-Jahren führte Hitler Gesetze ein, nach denen Juden kein Recht auf Eigentum hatten und keine Geschäfte betreiben durften.

2019 gab ein neues Gesetz in Indien vielen Migranten das Recht auf die indische Staatsbürgerschaft. Muslime waren davon jedoch ausgenommen.

Ungleiche Belastungen

Manche Gesetze gelten für alle Menschen gleichermaßen, auch wenn sie sich in ganz unterschiedlichen Situationen befinden. So bestimmt in vielen Ländern ein Gesetz, dass man beim Kauf bestimmter Produkte Steuern an den Staat zahlen muss.

Ich habe gerade dieses Zelt gekauft und muss dafür 20 Euro Steuern zahlen.
Ich auch! Ich freu mich schon total aufs Zelten.
Ich finde es nicht fair, wie die Steuern berechnet werden.
Darüber hab ich mir gar keine Gedanken gemacht. Das Gesetz gilt für alle gleich, also muss es fair sein, oder nicht?
20 Euro mehr oder weniger machen für mich aber einen großen Unterschied, weil ich nicht so viel Geld habe.
Oh, okay. Naja, wenn du so arm bist, warum kaufst du dir dann überhaupt ein Zelt?
Weil alle ab und zu etwas Spaß und Entspannung verdienen, egal wie viel Geld sie haben.
Hm, da hast du recht. Jetzt verstehe ich, was du meinst.
ZELT

Gesetzeslücken

Manche Menschen sind der Ansicht, dass wichtige Gesetze, die für mehr Gerechtigkeit sorgen könnten, fehlen.

Wir brauchen neue Gesetze, die allen Menschen die gleiche Bildung garantieren. Wenn reiche Kinder weiterhin eine bessere Bildung erhalten, wird sich am Unterschied zwischen Reich und Arm nichts ändern.

Ich fordere ein internationales Gesetz, das die Länder, die die Klimakrise verursachen, dazu verpflichtet, Geld an arme Länder zu zahlen. Schließlich leiden diese am meisten unter den schlimmen Auswirkungen.

Ich fordere ein neues Gesetz, nach dem die US-Regierung eine Entschädigung an schwarze Menschen zahlen muss, deren Vorfahren als Sklaven gehalten wurden. Die Sklaverei hat viele schwarze Familien viele Generationen lang benachteiligt.

Solche Gesetze könnten verabschiedet werden, vor allem wenn sich genügend Menschen für sie einsetzen. Wir müssen weiter darüber sprechen, wie wir die Welt zu einem gerechteren Ort machen können und welche Gesetze uns dabei helfen.

Ist das Rechtssystem gerecht?

Um für Gerechtigkeit zu sorgen, müssen die Gesetze gerecht *angewendet* werden. Das ist eine Gemeinschaftsaufgabe für alle, die im Rechtssystem arbeiten – von der Polizei bis hin zu den Gerichten. Um *Ungerechtigkeiten* aufzudecken, müssen wir uns fragen, ob manche Menschen ...

Als ich bestohlen wurde, hat mir niemand geglaubt. Lag das daran, dass ich keine schicken Klamotten trage?
Ich nehme illegale Drogen, aber die Polizei verdächtigt mich nie.
KAUF ETWAS!
Ich werde ständig von der Polizei angehalten und durchsucht, obwohl ich noch nie etwas Böses getan habe.
POLIZEI
Ich spreche nicht die gleiche Sprache wie die Richter und brauche einen Dolmetscher.
Ich komme die Stufen zum Gerichtsgebäude nicht hoch. Warum gibt es keine Rollstuhlrampe und keinen Aufzug?

... eher von der Polizei als unglaubwürdig eingeschätzt werden, wenn sie eine Straftat melden?

... eher ungeschoren davonkommen, wenn sie eine Straftat begehen?

... eher von der Polizei überprüft werden, weil sie anders aussehen oder in einer bestimmten Gegend wohnen?

In England und Wales wurden im Jahr 2019 schwarze Menschen neunmal häufiger von der Polizei angehalten und kontrolliert als weiße Menschen.

... eher Gewalt erfahren im Kontakt mit der Polizei?

Polizisten setzen Gesetze durch und schützen Menschen, aber manchmal verletzen sie sie auch. Mehr dazu findest du auf Seite 98.

... nicht in der Lage sind, an einer Gerichtsverhandlung teilzunehmen?

... sich eher einen kompetenten Anwalt leisten können?

... eher ein vorteilhaftes Urteil von einem Richter erhalten?

Mehr dazu auf den Seiten 96 und 97.
Ich wusste, dass ich mich auf Richterin Blum verlassen kann. Sie ist mit meinem Onkel befreundet.

... aufgrund von Vorurteilen oder Klischees eher ein strenges Urteil von einem Richter oder von den Geschworenen erhalten?

Die Geschworenen haben mir nicht geglaubt, dass mein Freund mich angegriffen hat.
Vielleicht dachten sie, dass Frauen immer nur von Fremden angegriffen werden.
Aber das stimmt doch gar nicht.
Ich weiß, ich weiß. Aber viele denken das trotzdem.

... eher in der Lage sind, eine Zivilklage einzureichen?

Jemand hat in seinem Blog total viele Lügen über mich verbreitet.
Das ist mir auch passiert!
Man nennt das Verleumdung. Ich habe den Typen vor Gericht gebracht und 50 000 US-Dollar als Entschädigung erhalten.
Oh wow! Ich wusste nicht, dass das möglich ist.
Mein Vater ist Anwalt und hat mir erklärt, was ich tun muss. Wenn die Lügen veröffentlicht werden, musst du ziemlich schnell etwas unternehmen.
Ach, hätte mir damals bloß auch jemand geholfen, mich zu wehren. Jetzt ist es wohl zu spät.

Was du tun kannst, wenn das Rechtssystem in deinem Land nicht alle Menschen gleichbehandelt, erfährst du auf Seite 87 und auf den Seiten 116 und 117.

In jedem System passieren manchmal Fehler. Berufungsgerichte sind dazu da, sie aufzudecken und zu korrigieren (siehe Seite 28 und 29). Es darf aber nicht sein, dass bei manchen eher etwas falsch läuft als bei anderen.

Der Preis der Gerechtigkeit

Das Gesetz ist kompliziert, sodass die meisten von uns es nur mithilfe eines Anwalts verstehen. Aber das kann teuer werden – und oft brauchen gerade die Menschen eine Rechtsvertretung, die sie sich am wenigsten leisten können.

Mein Vermieter will mich aus meiner Wohnung werfen, deshalb hat er jetzt die Schlösser ausgetauscht. Ich wohne seit zehn Jahren hier und habe nie etwas Falsches getan.
Ein Anwalt könnte das Gericht davon überzeugen, dass dieser Mann in seiner Wohnung bleiben darf.
Ich habe eine Lernbehinderung und brauche Hilfe im Alltag. Mein Antrag auf finanzielle Unterstützung, damit ich selbstständig leben kann, wurde jedoch abgelehnt.
Ein Anwalt könnte das Gericht davon überzeugen, dass Sandra finanzielle Unterstützung, also **Sozialleistungen**, erhalten sollte.
Ich bin Ilhan. Ich habe meine Arbeitsstelle verloren. Ich glaube, die Firma mochte nicht, dass ich Muslimin bin.
BUS
Ein Anwalt könnte versuchen zu beweisen, dass Ilhan von ihrem Arbeitgeber diskriminiert wurde und eine Entschädigung erhalten sollte.
Ich wurde für eine Straftat angeklagt, die ich nicht begangen habe.
Ein Anwalt könnte ihn vor Gericht verteidigen und versuchen, seine Unschuld zu beweisen.
Ich bin Anwalt. Ich berechne so viel für eine Stunde Arbeit.
Das kann ich mir nicht leisten. Ich bin Reinigungskraft im Krankenhaus. So viel verdiene ich in einer ganzen Woche nicht.
Ich auch nicht. Ich brauche jeden Cent für meine Miete, die Rechnungen und Lebensmittel.
Ich auch nicht.
Ich auch nicht. Aber was können wir tun?

Prozesskostenhilfe

In einigen Ländern bieten Anwälte eine **Pro-bono-Tätigkeit** an – das ist eine kostenlose Vertretung vor Gericht –, damit auch Menschen mit wenig Geld ein faires Verfahren bekommen. Andere lassen sich nur bei Erfolg für ihren Aufwand bezahlen, und manchmal hilft der Staat mit **Prozesskostenhilfe**.

Können Sie mich vor Gericht vertreten?
Natürlich!
Übernehmen Sie die Kosten für Ilhans Vertretung?
Natürlich!
Klientin
Anwältin
Staat

Das *klingt* gut. Wer aber Prozesskostenhilfe bekommt, hat trotzdem oft Nachteile gegenüber jemandem, der sich selbst einen Anwalt leisten kann.

Anwälte, die auf Basis von Prozesskostenhilfe arbeiten, bekommen wesentlich weniger bezahlt als andere Anwälte. Sie müssen daher oft viele Fälle annehmen.
Ich möchte allen Menschen helfen und arbeite, so viel ich kann. Aber ich habe so viele Fälle, dass ich mich gar nicht gut genug um jeden einzelnen Klienten kümmern kann.
Ich habe keine große Auswahl. Ich hoffe, dass der Anwalt, der auf Basis von Prozesskostenhilfe für mich arbeitet, genauso gut ist wie einer dieser Staranwälte.
Ich muss Prozesskostenhilfe beantragen, bevor mein Verfahren überhaupt aufgenommen wird, und dafür viele Dokumente ausfüllen und einreichen. Das ist stressig und dauert ewig.
Nicht jeder bekommt Prozesskostenhilfe bewilligt, da das Budget für solche Leistungen oft gekürzt wird. Seit 2013 gibt es zum Beispiel in Großbritannien keine Hilfe mehr für Fälle, bei denen es um Sozialleistungen geht.
Hmmm ... ich bekomme das Geld nicht, das ich brauche, um vor Gericht meine finanzielle Unterstützung einzuklagen ...

Bedeutet das, dass es für ärmere Menschen unwahrscheinlicher ist, Gerechtigkeit zu erfahren? Was meinst du?

Gesetze durchsetzen

Die Polizei hat als Gesetzeshüter die Aufgabe, die Gesetze durchzusetzen. In den USA werden jedoch jedes Jahr Hunderte Menschen von der Polizei getötet. Dabei trifft es schwarze Menschen *dreimal häufiger* als weiße. Warum ist das so? Und was können wir dagegen tun?

Wie kommt es, dass die Polizei Menschen tötet? Sollte Sie uns nicht eigentlich schützen?

Nun ja, manchmal müssen wir in unserem Job Gewalt anwenden, bei der jemand sterben kann, um uns selbst oder andere zu schützen.

Sie sagen also, dass Sie eine Person töten dürfen, wenn sich diese Person sehr gefährlich verhält?

Nun, tatsächlich sagt das Gesetz, dass wir tödliche Gewalt anwenden dürfen, wenn wir denken, dass jemand KURZ DAVOR ist, gefährlich zu werden.

Wenn Sie denken?!? Wie lange denken Sie denn darüber nach, bevor Sie eine Entscheidung treffen?

Wir müssen uns sehr schnell entscheiden. Manchmal liegen nur wenige Sekunden zwischen dem Einschätzen der Situation und dem Abfeuern eines Schusses.

Es ist erschreckend, dass Sie in Bruchteilen von Sekunden über ein Menschenleben entscheiden. Ich befürchte, dass manche Polizisten aus rassistischen Gründen eine schwarze Person eher als gefährlich einschätzen!

Sie haben recht. Rassismus ist allgegenwärtig. Das kommt vor allem in extremen Spannungssituationen zum Vorschein.

Polizisten erkennen vielleicht in einer ganz harmlosen Situation eine Gefahr. Sie denken zum Beispiel, dass jemand eine Waffe ziehen will, obwohl er nur nach seinem Handy greift.

Ich fürchte, das passiert manchmal.

Das macht mich wütend und traurig.

Nicht nur in den USA, sondern auch in vielen anderen Ländern wenden Polizisten viel häufiger tödliche Gewalt gegen Schwarze an. Und nur selten wird ein Polizeibeamter, der jemanden tötet, wegen einer Straftat verurteilt.

Für Gerechtigkeit kämpfen

In den USA und anderswo kommt es deshalb häufig zu Protesten. Die Demonstranten fordern mehr Gerechtigkeit. Aber was genau meinen sie damit?

SCHWARZE LEBEN SCHÜTZEN
Gerechtigkeit bedeutet, dass schwarze Leben genauso viel wert sind wie weiße Leben.
GEGEN POLIZEI-GEWALT
Gerechtigkeit bedeutet, an die Verstorbenen zu denken und an sie zu erinnern.
GERECHTIGKEIT FÜR
Sandra Bland
Walter Scott
George Floyd
Eric Garner
Tamir Rice
Jamar Clark
Laquan McDonald
Philando Castile
Alton Sterling
Stephon Clark
Michael Brown
Breonna Taylor
Freddie Gray
Gerechtigkeit bedeutet, die Polizisten zu bestrafen, die übermäßige und unnötige Gewalt gegen Schwarze anwenden. Es ist schockierend, dass sie so oft ungestraft davonkommen.
Ich denke, Gerechtigkeit bedeutet, das Gesetz zu ändern. Wie kann es gesetzlich erlaubt sein, SO oft tödliche Gewalt anzuwenden?
Würde man die Polizisten jedes Mal bestrafen, dann würde das vielleicht auch andere davon abhalten, Gewalt anzuwenden.
BLACK LIVES MATTER
STOPPT POLIZEIGEWALT
Für mich bedeutet Gerechtigkeit, dass diese Ungerechtigkeiten AUFHÖREN. Wir müssen gegen Rassismus in all seinen Formen ankämpfen.
Gerechtigkeit bedeutet, dass der Staat seine Gelder anders für das Wohl seiner schwarzen Bürger ausgeben muss. Ich denke, wir brauchen VIEL weniger Polizisten und dafür mehr Geld für Gesundheitsversorgung und Wohnungen.

Wer hat die Macht?

Richter haben viel Macht. Deshalb sollte die Zusammensetzung der Richterinnen und Richter die **Vielfalt** der Gesellschaft hinsichtlich Hautfarbe, Geschlecht, Religion, Sexualität, Behinderung und Vermögen widerspiegeln. Warum ist das so wichtig?

Ich wünsche mir einen Richter, der mir ähnlich ist. Ansonsten befürchte ich, dass er oder sie Vorurteile gegen mich hat. Ich könnte verurteilt werden, ohne etwas getan zu haben!

Macht das einen Unterschied? Richter haben doch sowieso die Aufgabe, unparteiisch zu sein. Außerdem müssen sie festgeschriebenen Gesetzen folgen.

Auch in den Gesetzen gibt es Grauzonen, in denen die Entscheidungen der Richter sicherlich von ihrer eigenen Lebenserfahrung beeinflusst werden.

Wenn Richter jedoch von anderen Richtern mit vielfältigen Hintergründen umgeben sind, können sie sich zumindest über andere Sichtweisen beraten.

Aber genau da liegt das Problem! Es gibt KAUM Richter, die so aussehen oder so sprechen wie ich. Dadurch habe ich das Gefühl, dass das System gar nicht für mich da ist.

Oh nein! Es ist nicht gut für eine Gesellschaft, wenn ihre Mitglieder sich so fühlen.

Ich weiß. Für mich ist das Gesetz ein bisschen so wie ein Vertrag. Die Menschen gehorchen ihm im Allgemeinen und dafür kümmert sich das Rechtssystem um alle Probleme.

Aber wenn das System uns nicht hilft, warum sollen wir dann die Gesetze befolgen?

Nun, das frage ich mich manchmal auch.

Die mächtigsten Richter sitzen an den Obersten Gerichten, wo in der Regel über die wichtigsten und kompliziertesten Fälle entschieden wird. Auf höchster richterlicher Ebene ist es mit der Vielfalt jedoch nicht weit her. Folgende Aussagen trafen 2020 zu:

Noch nie war eine **schwarze Frau** Richterin am Obersten Gerichtshof der USA.

Weltweit ist die Wahrscheinlichkeit größer, ein höherer Richter zu werden, wenn du aus einer **reichen Familie** stammst.

Es gab noch nie einen Richter am Obersten Gerichtshof von Großbritannien, männlich oder weiblich, der nicht **weiß** war.

Nur zehn Prozent der höheren Richter in Indien sind **weiblich**.

Fast nirgendwo gibt es gleich viele männliche und weibliche Richter. Es ist jedoch möglich: In Sambia sind über die Hälfte aller höheren Richter **Frauen**.

An den Obersten Gerichtshöfen von Kanada und Australien hat es noch nie Richter gegeben, die einem **indigenen Volk*** angehören.

*Indigene Völker sind die Völker, die an einem Ort lebten, lange bevor europäische Siedler dort ankamen (siehe Seite 39).

Richter werden

Wie man Richter wird, ist von Land zu Land verschieden. In manchen Ländern arbeitet man zunächst viele Jahre lang als Anwalt. In anderen führen Studium und Ausbildung direkt zum Richterberuf. Anwaltsfirmen oder Regierungen können für eine größere Vielfalt in diesem Beruf sorgen, indem sie Programme für junge Menschen mit unterschiedlichen Hintergründen anbieten.

Das ist Grace Helen Whitener, Richterin am Obersten Gerichtshof des US-Bundesstaates Washington.

Das ist Richter Rabinder Singh am Obersten Berufungsgericht in England.

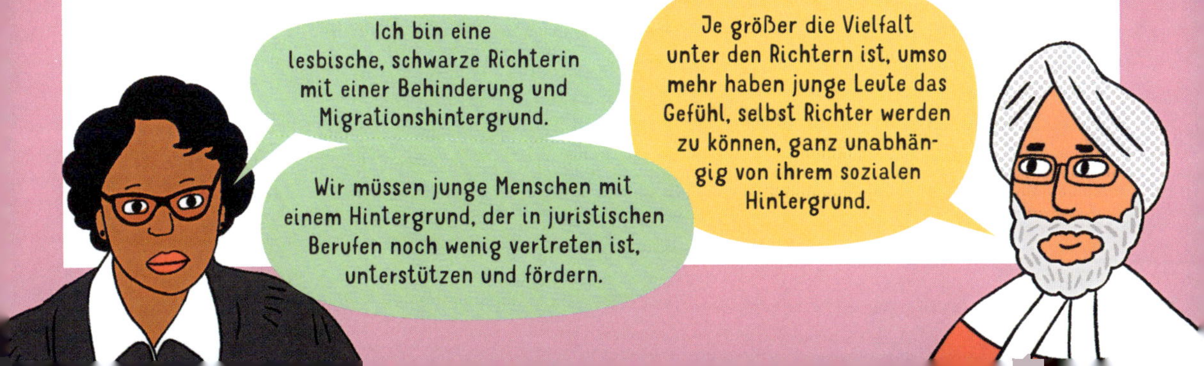
Ich bin eine lesbische, schwarze Richterin mit einer Behinderung und Migrationshintergrund.
Wir müssen junge Menschen mit einem Hintergrund, der in juristischen Berufen noch wenig vertreten ist, unterstützen und fördern.
Je größer die Vielfalt unter den Richtern ist, umso mehr haben junge Leute das Gefühl, selbst Richter werden zu können, ganz unabhängig von ihrem sozialen Hintergrund.

Warum sind manche Menschen gewalttätig?

Was ist wichtiger: die Sicherheit der Menschen oder ihre Privatsphäre?

Verteidigen Anwälte auch Menschen, von deren SCHULD sie überzeugt sind?

7. Große Fragen

Auch wenn unsere Rechtssysteme bereits seit vielen Jahrhunderten bestehen, gibt es große Fragen, die nach wie vor unbeantwortet sind.

Dieses Kapitel beschäftigt sich mit Dingen, über die du vielleicht auch schon einmal nachgedacht hast, zum Beispiel darüber, ob Gefängnisse wirklich sinnvoll sind. Andere Fragen hast du dir vielleicht noch nie gestellt, zum Beispiel ob Flüsse auch Rechte haben.

Nicht alle Menschen sind sich einig darüber, wie das Gesetz am besten zum Schutz von Mensch und Natur eingesetzt werden kann. Lerne auf den folgenden Seiten einige Sichtweisen kennen und bilde dir deine eigene Meinung.

Sind Gefängnisse sinnvoll?

Auch wenn auf der ganzen Welt Straftäter in Gefängnisse gesperrt werden, gibt es keine Einigkeit darüber, ob Gefängnisse tatsächlich etwas nützen.

Gefängnisse sollen eigentlich dafür sorgen, dass alle Mitglieder einer Gesellschaft in Sicherheit leben können. *Aber tun sie das auch?*

Gefängnisse sollen eine gerechte Form der Bestrafung für eine Straftat sein, die jemand begangen hat. *Aber sind sie das auch?*

Gefängnisse sorgen für Sicherheit! Sie nehmen gefährliche Menschen aus der Gesellschaft heraus und hindern sie daran, weiteren Schaden anzurichten.
Aber die Gefängnisse selbst können für Gefangene und Angestellte ein gefährlicher Ort sein.
Insbesondere wenn sie überfüllt sind und es nicht genug Gefängniswärter gibt.
Okay, vielleicht bieten Gefängnisse dann nur manchen Menschen mehr Sicherheit?
Ich wurde angegriffen. Danach habe ich mich viele Monate lang nicht mehr auf die Straße getraut. Ich habe MEINE Freiheit verloren. Es ist also nur fair, dass der Angreifer für eine bestimmte Zeit auf SEINE Freiheit verzichten muss.
Ich war im Gefängnis. Ich denke, dass ich damit zweimal bestraft wurde. Einmal durch die Zeit hinter Gittern ...
... und jetzt noch einmal, weil mir wegen meiner Gefängnisstrafe niemand einen Job geben will.
Ich finde, dass ich auch bestraft wurde, und dabei habe ich niemandem etwas getan. Ich konnte meinen Papa kaum besuchen, als er im Gefängnis war. Das ist nicht fair!

Gefängnisse sollen Menschen davon abhalten, Verbrechen zu begehen.
Aber tun sie das auch?

Nein, ich habe gegen das Gesetz verstoßen, weil ich verzweifelt war. Ich habe gar nicht daran gedacht, dass ich vielleicht ins Gefängnis komme.
Ich habe keine Angst vor dem Gefängnis, weil ich nicht glaube, dass ich erwischt werde. Gäbe es mehr Polizisten und mehr Verhaftungen, würde mich das vielleicht abschrecken.

Gefängnisse sollen Straftätern helfen, keine weiteren Verbrechen zu begehen. *Tun sie das?*

Ja! Das Gefängnis hat mir die Augen geöffnet und mir gezeigt, dass ich mein Leben ändern muss. Keine Verbrechen mehr!
Nein! Ich war noch ein Teenager, als ich für eine kleine Straftat ins Gefängnis musste. Dort habe ich gelernt, wie man viel schlimmere Dinger dreht.
Ja! Ich komme aus einem gewalttätigen Zuhause. Im Gefängnis habe ich Hilfe bekommen und konnte ein neues Leben beginnen.
Nein! Im Gefängnis habe ich angefangen, Drogen zu nehmen. Die Zeit dort hat für mich zu vielen neuen Problemen geführt.
Ja! Im Bau habe ich lesen gelernt. Ich hatte einen Lehrer, der mir gezeigt hat, wie wichtig es ist, lesen zu können.
Nein! Ich hatte im Gefängnis keine Gelegenheit, etwas Sinnvolles zu tun.

Rund die Hälfte der Straftäter wird nach dem Gefängnisaufenthalt rückfällig und begeht erneut eine Straftat. Diese Zahl ist viel geringer, wenn die Inhaftierten eine Ausbildung oder andere Hilfen bekommen. Ist es vielleicht sogar besser, den nicht so gefährlichen Straftätern Unterstützung außerhalb von Gefängnismauern zukommen zu lassen (siehe Seite 26)? Was denkst du?

Warum gibt es Gewalttäter?

Wenn eine Person eine andere verletzt, fordern wir instinktiv Gerechtigkeit. Der Täter soll gefangen und bestraft werden. Doch *warum* wenden manche Menschen überhaupt Gewalt an? Und *was* können wir tun, damit Gewaltverbrechen erst gar nicht geschehen?

Gewalttäter werden oft als „schlechte Menschen" abgestempelt, die anderen ganz bewusst wehtun wollen. Experten denken jedoch, dass die Ursachen für Gewalt häufig mit Problemen in der Kindheit und Jugend zusammenhängen.

Gewalt in der Familie

Kinder, die zu Hause Gewalt erleben, sind später oft selbst gewalttätig. Sie lernen dieses Verhalten, wenn sie jung sind.

Keine Chancen

Menschen, die schlechte Startbedingungen im Leben haben, fühlen sich oft zurückgewiesen. Das kann zu Wut und Gewalt führen. Vielleicht haben sie nie lesen gelernt oder leben in einer vernachlässigten Gegend, in der es keine Jobs gibt.

Lieblose Erziehung

Bei Eltern oder anderen Erziehungsberechtigten, die unzuverlässig sind und keine Gefühle zeigen, lernen Kinder nicht, wie eine gesunde Beziehung aussehen sollte. Kinder, die von Behörden betreut werden und nicht in ihren Familien aufwachsen, sind besonders gefährdet.

Sucht

Der Konsum von Drogen oder Alkohol führt oft zu Gewalttaten. Eine verletzliche Person, etwa ein Jugendlicher ohne liebevolles Elternhaus, wird viel eher drogen- oder alkoholabhängig.

Es gibt also bestimmte **Risikofaktoren** für Gewalt. Wer ihnen ausgesetzt ist, hat es oft *schwerer*, sich bewusst gegen Gewalt zu entscheiden.

Wie kommt es, dass nicht alle Menschen mit solchen negativen Erlebnissen Gewalt anwenden? Wissenschaftler führen das auf positive Erfahrungen wie die folgenden zurück:

- ein Erwachsener, der ein positives Vorbild ist, zu dem man aufschauen kann
- gute Fähigkeiten, Konflikte zu lösen
- Stolz auf schulische Leistungen

In Schottland ist die Zahl der Gewaltverbrechen seit 2009 drastisch zurückgegangen. Das liegt an verschiedenen Projekten zur Prävention von künftigen Gewalttaten.

Dazu ein paar Beispiele:

Betreuer besuchen Menschen, die bei einer Schlägerei verletzt wurden, im Krankenhaus.

Kann ich Ihnen irgendwie helfen? Hier ist meine Telefonnummer. Rufen Sie mich an, wenn Sie mit jemandem reden möchten.
Das hat mich noch nie jemand gefragt. Vielleicht können Sie mir helfen, vom Alkohol loszukommen?

Schulen in raueren Wohngegenden helfen Kindern dabei, mit ihren Emotionen fertigzuwerden und Konflikte zu lösen.

Ein Mädchen hat mich wegen meines T-Shirts ausgelacht.
Wie hast du dich dabei gefühlt?
Ein bisschen traurig.

Ein Café in Glasgow gibt verurteilten Gewalttätern einen Job.

Mein Job sorgt für Struktur in meinem Alltag und hilft mir dabei, mein Leben wieder in den Griff zu bekommen.
Ich habe eine Mentorin im Café, die sich um mich kümmert. Sie ist ein großes Vorbild für mich.

Bei diesem Ansatz wird Gewalt wie eine Krankheit betrachtet, die sich ausbreitet, und nicht nur als bewusste Entscheidung, eine schlimme Tat zu begehen. Auf diese Weise versuchen Menschen außerhalb des Rechtssystems, ein Problem zu lösen, das Recht und Gesetz betrifft. Es geht also nicht nur um Polizei, Anwälte und Richter.

Schuldige verteidigen

Verteidigen Anwälte manchmal Angeklagte, von denen sie ganz genau wissen, dass sie schuldig sind? Darf das sein? Wie so vieles beim Thema Recht und Gesetz ist die Antwort etwas kompliziert.

Stell dir einmal folgende Situation vor:

Ich habe es getan. Ich habe den Laptop gestohlen. Schau, hier ist er! Ich habe ihn aus einer fremden Tasche gestohlen. Am Dienstagmorgen im Bus.
Ich habe gesehen, wie sie es getan hat. Wir saßen im selben Bus.
Ähm, gut.
Lara
Zeuge
Anwalt

SPÄTER IM GERICHTSSAAL ...
Am Dienstag war ich den ganzen Vormittag bei ihr zu Hause.
Lara hat diesen Laptop noch nie gesehen. Am Dienstagmorgen hat sie ihre Wohnung nicht verlassen.

Was hier passiert, ist *nicht erlaubt*. Ein Verteidiger darf vor Gericht nicht lügen oder einem Zeugen erlauben, eine Falschaussage zu machen. Anwälte wissen jedoch in den seltensten Fällen *mit absoluter Sicherheit*, ob ihre Klienten schuldig sind ...

Diese Version des Falls ist *erlaubt* und kommt sehr häufig vor.

Glauben Sie, dass ich es getan habe?
Ich denke, dass die Beweise gegen Sie schwerwiegend sind. Aber meine Aufgabe ist es, zu zeigen, dass die Anklage nicht BEWEISEN kann, dass Sie die Tat begangen haben.
Es ist nicht meine Aufgabe zu entscheiden, ob sie es getan hat oder nicht. Das ist die Aufgabe des Gerichts.
Ich kann anführen, dass die Aufnahmen der Überwachungskamera viel zu unscharf sind, um meine Klientin eindeutig zu identifizieren.
Vielleicht kann ich das Opfer auch dazu bringen, vor Gericht zuzugeben, dass es nicht absolut sicher ist, ob der Laptop überhaupt in der Tasche war.

Verteidiger konzentrieren sich darauf, ob die Beweise der Anklage für das Gericht schwerwiegend genug sind, um ihre angeklagten Klienten zu verurteilen. Es geht ihnen darum, ob sie „rechtlich schuldig" sind, und weniger darum, ob sie die Tat tatsächlich begangen haben und „faktisch schuldig" sind.

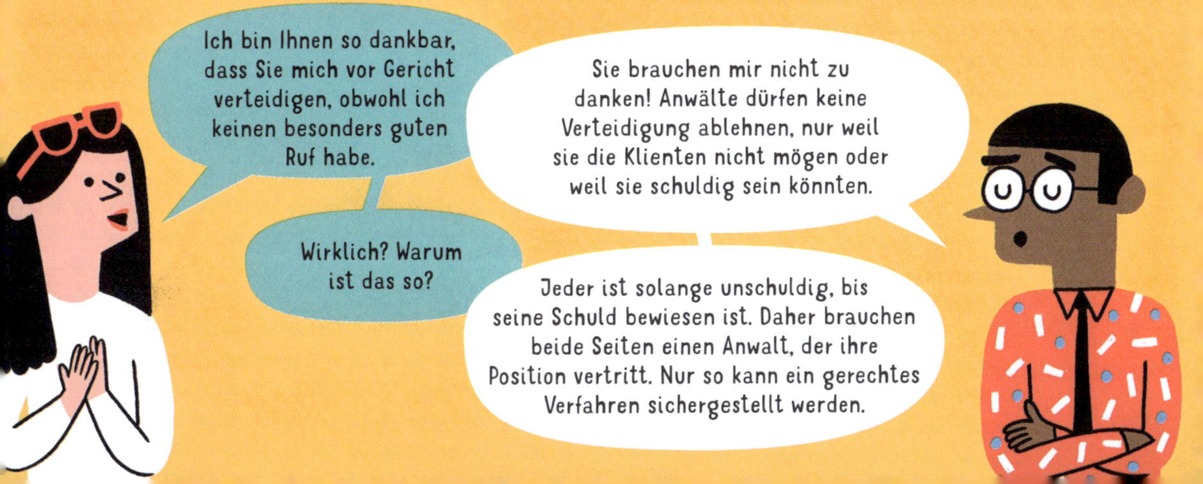

Ich bin Ihnen so dankbar, dass Sie mich vor Gericht verteidigen, obwohl ich keinen besonders guten Ruf habe.
Sie brauchen mir nicht zu danken! Anwälte dürfen keine Verteidigung ablehnen, nur weil sie die Klienten nicht mögen oder weil sie schuldig sein könnten.
Wirklich? Warum ist das so?
Jeder ist solange unschuldig, bis seine Schuld bewiesen ist. Daher brauchen beide Seiten einen Anwalt, der ihre Position vertritt. Nur so kann ein gerechtes Verfahren sichergestellt werden.

Mit Technik gegen Kriminalität

Computer, die mit einer Kamera oder einem Sensor verbunden sind, können Informationen in kurzer Zeit verarbeiten und bestimmte Muster aufdecken. Für die Polizei und andere Sicherheitskräfte sind sie deshalb ein wichtiges Werkzeug.

Schwimmbad Öffnungszeiten
Wer würde gewinnen? Batman oder Spider-Man?
Wie baut man eine Bombe?

Kameras zur Gesichtserkennung scannen die Gesichter von Passanten; Computer vergleichen sie mit den Gesichtern bekannter Straftäter.

Flugzeuge, die mit bestimmten Geräten ausgerüstet sind, suchen nach verdächtigen Personen, indem sie ihren Mobilfunksignalen folgen.

Fliegt ein solches Flugzeug über ein Gebiet, nimmt jedes Mobiltelefon in diesem Bereich eine Verbindung zu dem Gerät auf. Ein Computer wählt das gesuchte Signal aus und bestimmt seinen Standort.

Solche Kameras fotografieren Autos, die zu schnell fahren. Ein Computer findet über das Kennzeichen die Adresse und ein Bußgeldbescheid wird zugestellt.

Mithilfe von Computern können die Online-Suchen von Benutzern überprüft werden, um verdächtige Aktivitäten aufzudecken.

Wo ist der Haken?

Diese Technologien sollen dafür sorgen, dass die Menschen sich sicherer fühlen. Je leistungsstärker sie jedoch werden, umso mehr bedrohen sie auch die **Privatsphäre** der Menschen. Ist es in Ordnung, *alle* zu überwachen, nur um die *wenigen* zu erwischen, die gegen das Gesetz verstoßen?

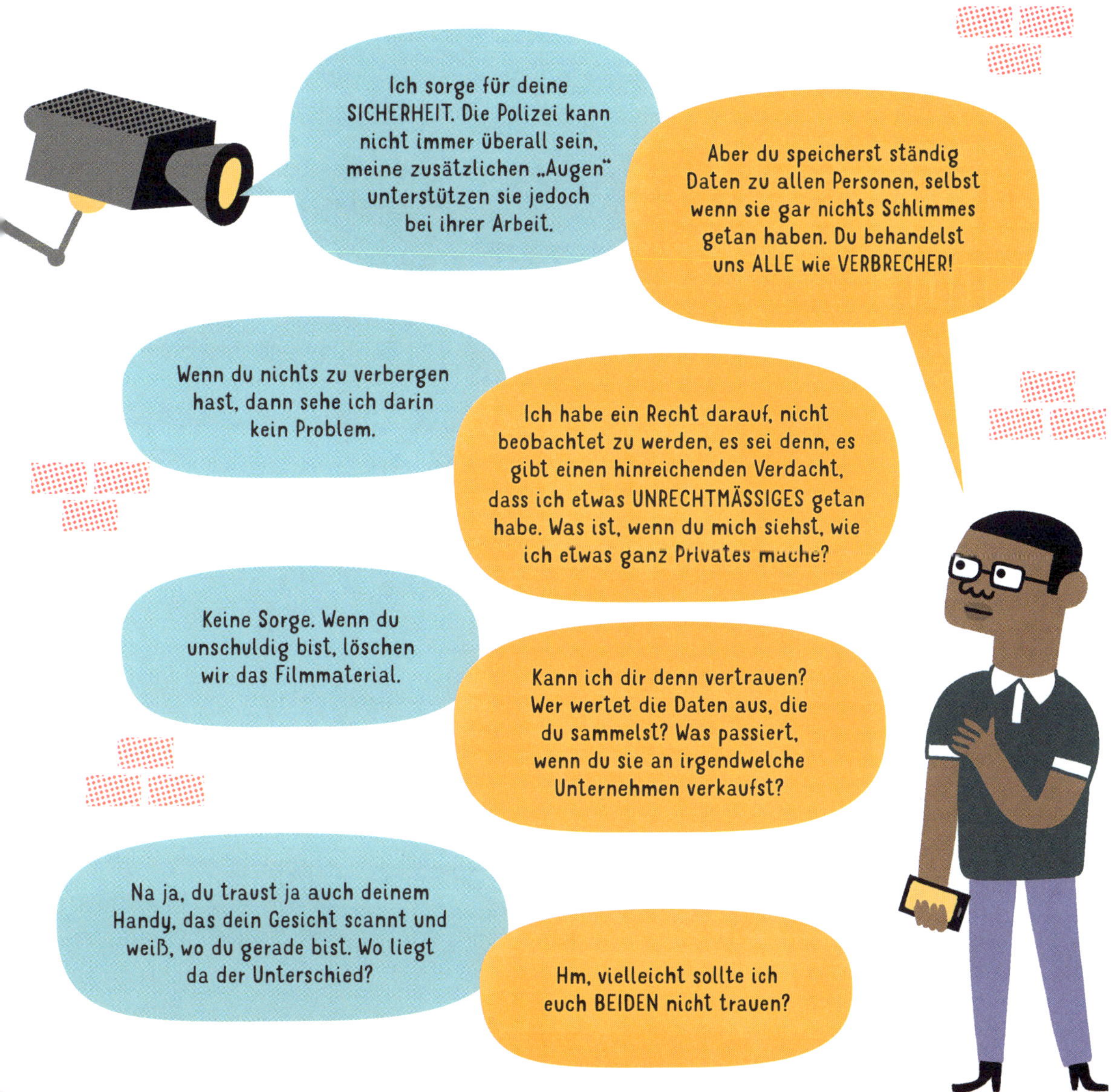
Ich sorge für deine SICHERHEIT. Die Polizei kann nicht immer überall sein, meine zusätzlichen „Augen" unterstützen sie jedoch bei ihrer Arbeit.
Aber du speicherst ständig Daten zu allen Personen, selbst wenn sie gar nichts Schlimmes getan haben. Du behandelst uns ALLE wie VERBRECHER!
Wenn du nichts zu verbergen hast, dann sehe ich darin kein Problem.
Ich habe ein Recht darauf, nicht beobachtet zu werden, es sei denn, es gibt einen hinreichenden Verdacht, dass ich etwas UNRECHTMÄSSIGES getan habe. Was ist, wenn du mich siehst, wie ich etwas ganz Privates mache?
Keine Sorge. Wenn du unschuldig bist, löschen wir das Filmmaterial.
Kann ich dir denn vertrauen? Wer wertet die Daten aus, die du sammelst? Was passiert, wenn du sie an irgendwelche Unternehmen verkaufst?
Na ja, du traust ja auch deinem Handy, das dein Gesicht scannt und weiß, wo du gerade bist. Wo liegt da der Unterschied?
Hm, vielleicht sollte ich euch BEIDEN nicht trauen?

Das ist eine verzwickte Debatte – sowohl für Gesetzgeber als auch für Gerichte. Wie lässt sich die Privatsphäre der Menschen schützen? Welche Informationen dürfen Sicherheitsorgane sammeln? Gerichte in den USA und in Europa haben in vielen Fällen entschieden, dass es *okay* ist, verdächtige Personen zu überwachen. Grundsätzlich alle zu überwachen, ist jedoch nicht in Ordnung. Die Telefondaten einer verdächtigen Person kann man also überprüfen, alle Telefone abhorchen aber nicht.

Haben Flüsse Rechte?

Stell dir vor, die Natur – also Bäume, Flüsse, Tiere und so weiter – hätte Rechte wie wir. 2008 hat Ecuador als erstes Land der Welt „Mutter Natur“ per Verfassung eigene Rechte zugesprochen. Wenn ihr jemand Schaden zufügt, ist das in den Augen des Gesetzes das Gleiche, als würde er eine Person verletzen.

2011 kippten Arbeiter eines regionalen Straßenprojekts Aushub und Schutt in den Fluss Vilcabamba. Die Vertreter des Flusses brachten die Arbeiter vor Gericht.

Der ganze Müll im Fluss führt zu Überschwemmungen und schadet den Menschen, die an seinen Ufern leben!

Aua!

Das Gericht entschied zugunsten des Flusses. Die Regierung musste den angerichteten Schaden wiedergutmachen und sich entschuldigen.

Durch die Anerkennung der „Rechte der Natur“ werden auch die Rechte der Menschen respektiert, die eine starke Verbindung zu ihrem Land haben. 2017 setzte ein Maori-Stamm in Neuseeland nach einem 140 Jahre dauernden Streit durch, dass der Fluss Whanganui als rechtliche Person anerkannt wird.

Wir betrachten den Fluss als einen Urahn unseres Stammes. Wir leben seit 700 Jahren mit ihm und sind auf ihn angewiesen.

Können Tiere etwas besitzen?

Jedes Jahr **sterben** Zehntausende Tierarten **aus.** Die Zerstörung ihrer Lebensräume durch Umweltverschmutzung, Abholzung oder Bebauung gehört zu den größten Bedrohungen.

In vielen Ländern gibt es bereits einige Gesetze zum Schutz der Lebensräume von Tieren.

Es ist gesetzlich verboten, ein Nest zu stören oder zu entfernen, auch wenn es sich auf „deinem" Land befindet.

Manchen Tieren Eigentumsrechte auf ihr Zuhause zu geben, ist ein noch größerer Schritt als der bloße Schutz des Lebensraums. Rechtlich gesehen wäre es wie ein **Treuhandverhältnis**, bei dem eine Person im Namen einer anderen Person etwas besitzt oder das Eigentum verwaltet. In diesem Fall würden Teile des Landes den Tieren gehören, aber die Menschen würden es *für sie* verwalten.

Welche Tiere?

Tiere kommen und gehen. Das Land sollte daher nicht bestimmten Arten gehören, sondern dem gesamten **Ökosystem**, also der Gemeinschaft aller Lebewesen in einem Gebiet.

Welche Menschen?

Nur Naturschutzexperten dürften das Land verwalten und müssten sich an strenge Regeln halten.

Ich bin dann mal weg, aber meine Familie kommt nächstes Jahr wieder!
Mmh, ich weiß nicht, ob ich den Menschen vertraue, dass sie das Land in unserem Namen gut verwalten.

Keine Idee ist perfekt oder kann das *ganze* Problem lösen. Wir müssten aber in den Gebieten, die Tieren gehören, die Interessen der Tiere berücksichtigen. Wenn das Land den Menschen gehört, ist das nicht der Fall.

Kann ich Anwältin werden?

Wie führe ich ein gutes Streitgespräch?

Sind Anwälte gute Präsidenten?

8. Wie geht es weiter?

Recht und Gesetze sind nicht einfach. Die Aufstellung klarer und fairer Regeln, an die sich die Menschen auch wirklich halten, scheint manchmal unmöglich. Aber weißt du was? Es sind gerade die kniffligen Fragestellungen, die die Rechtswissenschaft so interessant machen.

Wenn du derselben Meinung bist, dann lies weiter und finde heraus, wie du noch mehr über das Rechtswesen erfahren kannst. Wie kannst du Gesetze auf den Weg bringen oder ändern? Vielleicht möchtest du ja auch selbst einmal im juristischen Bereich arbeiten?

Engagiere dich!

Es gibt viele Möglichkeiten, wie du mehr über Recht und Gesetze herausfinden und gleichzeitig praktische Erfahrungen sammeln kannst.

Besuche einen Prozess

Die meisten Gerichtsverfahren sind öffentlich. Rufe bei einem Gericht in deiner Nähe an oder informiere dich auf den entsprechenden Webseiten.

Hilf bei der Polizei

In manchen Ländern können Jugendliche freiwillig bei der Polizei als sogenannte Kadetten arbeiten. Sie nehmen an Trainingslagern teil, lernen Erste Hilfe, helfen bei regionalen Veranstaltungen und unterstützen manchmal sogar polizeiliche Ermittlungen.

Arbeite an den Regeln mit

Viele Schulen haben einen **Schülerrat** – eine Gruppe von gewählten Schülern, die ihre Mitschüler vertreten und ein Mitspracherecht in Fragen haben, die ihre Schule betreffen.

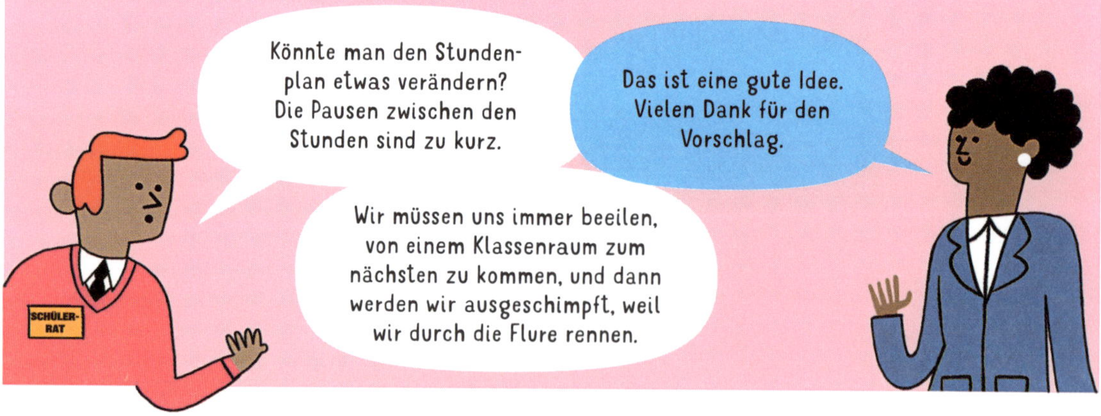
Könnte man den Stundenplan etwas verändern? Die Pausen zwischen den Stunden sind zu kurz.
Wir müssen uns immer beeilen, von einem Klassenraum zum nächsten zu kommen, und dann werden wir ausgeschimpft, weil wir durch die Flure rennen.
Das ist eine gute Idee. Vielen Dank für den Vorschlag.
SCHÜLER-RAT

Falls es in deiner Schule noch keinen Schülerrat gibt, könntest du einen ins Leben rufen. Wenn du nicht selbst in der Schülervertretung sitzen möchtest, könntest du interessierten Freunden dabei helfen, gewählt zu werden.

Verändere das Gesetz

Überlege dir, was dir wichtig ist und wofür du dich einsetzen willst. Organisiere dann Aktivitäten oder **Kampagnen**. Vielleicht geht es dabei um ein Gesetz, dessen Einführung verhindert werden soll, um ein neues Gesetz, das es noch gar nicht gibt, oder um ein bestehendes Gesetz, das gerechter angewendet werden soll.

Du könntest:

- an einer Demonstration teilnehmen
- Nachrichten von Wohltätigkeitsvereinen oder Aktivisten verbreiten
- Mitglied in einer Bürgerinitiative werden

Lerne, richtig zu debattieren

Eine **Debatte** ist ein strukturiertes Streitgespräch zu einem bestimmten Thema. Zwei Parteien nehmen entgegengesetzte Standpunkte zur Streitfrage ein. Beide haben dieselbe Redezeit, um ihren jeweiligen Standpunkt überzeugend darzulegen. Debattieren hilft dir dabei ...

- ... eine Frage aus verschiedenen Blickwinkeln zu betrachten.
- ... dir eine eigene Meinung zu bilden.
- ... deine Recherchefähigkeiten zu verbessern.
- ... vor anderen Menschen zu sprechen.
- ... deine Meinung besser darzulegen.

Das sind genau die Fähigkeiten, die Anwälte, Politiker und Aktivisten brauchen. In manchen Schulen gibt es Debattierklubs. An deiner Schule nicht? Dann gründe einen!

Führe einen Scheinprozess

Ein Scheinprozess – zum Beispiel über eine historische Persönlichkeit, eine fiktive Figur oder ein Tier – eignet sich gut für eine Schulklasse oder einen Jugendklub. Jeder bekommt eine bestimmte Rolle zugewiesen: Angeklagte, Anwälte, Zeugen, Richter oder Schöffen.

Fledermäuse, ihr werdet angeklagt, das Corona-Virus auf die Menschen übertragen zu haben.
Wir plädieren auf *nicht schuldig*!

Eine Argumentation aufbauen

Wenn du jemanden von einer bestimmten Sache überzeugen möchtest, musst du eine klare, gut begründete und glaubhafte Argumentation aufbauen. Genau das tun auch Anwälte, die sich auf einen Prozess vorbereiten, oder Mitglieder eines Debattierklubs, bevor sie an einem Wettbewerb teilnehmen.

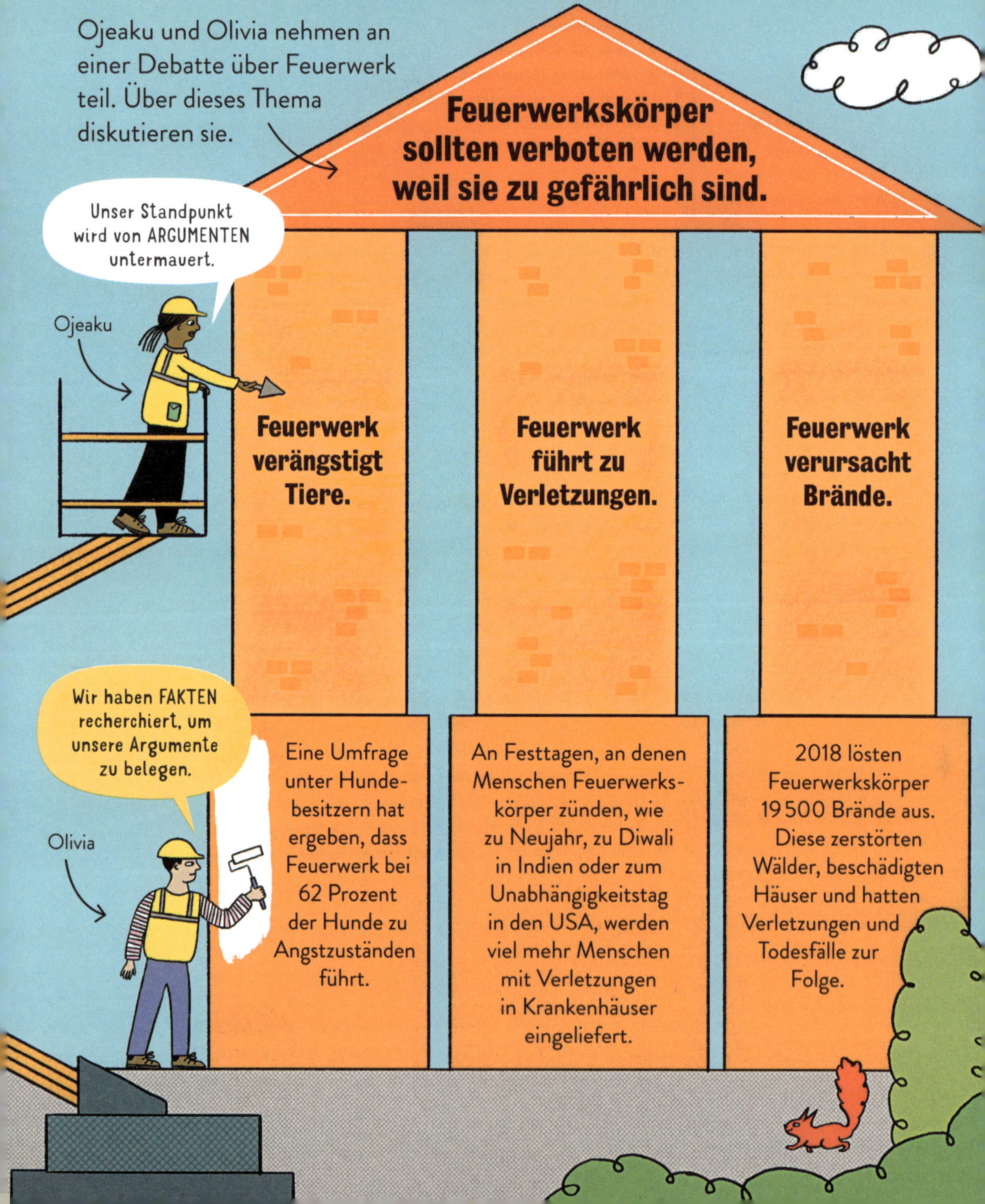
Ojeaku und Olivia nehmen an einer Debatte über Feuerwerk teil. Über dieses Thema diskutieren sie.
Feuerwerkskörper sollten verboten werden, weil sie zu gefährlich sind.
Unser Standpunkt wird von ARGUMENTEN untermauert.
Ojeaku
Feuerwerk verängstigt Tiere.
Feuerwerk führt zu Verletzungen.
Feuerwerk verursacht Brände.
Wir haben FAKTEN recherchiert, um unsere Argumente zu belegen.
Olivia
Eine Umfrage unter Hundebesitzern hat ergeben, dass Feuerwerk bei 62 Prozent der Hunde zu Angstzuständen führt.
An Festtagen, an denen Menschen Feuerwerkskörper zünden, wie zu Neujahr, zu Diwali in Indien oder zum Unabhängigkeitstag in den USA, werden viel mehr Menschen mit Verletzungen in Krankenhäuser eingeliefert.
2018 lösten Feuerwerkskörper 19 500 Brände aus. Diese zerstörten Wälder, beschädigten Häuser und hatten Verletzungen und Todesfälle zur Folge.

Olivia und Ojeaku bereiten nicht nur ihre eigene Argumentation vor, sondern überlegen auch, welche Argumente die Gegenseite im Wettbewerb anführen könnte.

Lass uns das stärkste Argument finden, das GEGEN unsere Position spricht.
www.allesueberfeuerwerk.de
Ein Verbot von Feuerwerkskörpern führt dazu, dass die Menschen sie heimlich herstellen und verkaufen. Dann wären sie noch gefährlicher, weil sie nicht geprüft werden.
Hmmm, wie können wir das widerlegen? Vielleicht indem wir argumentieren, dass die Polizei nur dem Knallen folgen muss, um die Verursacher zu erwischen.

Am Tag der Debatte halten Olivia und Ojeaku jeweils eine Rede, um ihre Argumentation darzulegen. Sie sprechen laut und deutlich und wählen ihre Worte sorgfältig.

Ojeaku stellt ihre Hauptaussage an den Anfang und erklärt dann den Aufbau ihrer Argumentation.

Es gibt drei überzeugende Gründe, warum Feuerwerkskörper verboten werden sollten. Für alle drei Gründe gibt es stichhaltige Belege. Nummer eins ...

Durch eine emotionale Sprache lassen sich die Zuhörer fesseln.

Ist es fair, unschuldige Tiere zu verängstigen und zu erschrecken, nur damit Menschen Spaß haben und sich amüsieren?

Olivia baut die Gegenargumente und deren Widerlegung in ihre Rede ein.

Man könnte sagen, dass ein Verbot zu einem nicht reglementierten Markt illegaler Feuerwerkskörper führen würde. Ich bin jedoch der Ansicht, dass ...

Die überzeugendsten Argumente sind gut durchdacht und durch Fakten belegt. Das erfordert eine gute Planung (weswegen Anwälte manchmal am Abend vor einem Gerichtstermin sehr lange aufbleiben). Selbst die beste Argumentation führt aber nicht immer zum Sieg, wenn die Zuhörer sich bereits auf eine bestimme Meinung festgelegt haben.

Gute Arbeit, Ojeaku und Olivia, aber ich bin trotzdem nicht eurer Meinung. Feuerwerke machen einfach zu viel Spaß, als dass sie verboten werden sollten.
KLATSCH, KLATSCH!

Juristische Berufe

Wenn dir dieses Buch gefallen hat, interessierst du dich vielleicht auch für einen juristischen Beruf. Bei vielen Tätigkeiten, die mit Recht und Gesetz zu tun haben, musst du gut zuhören können, mit Menschen reden und ihnen helfen. Finde heraus, welcher Beruf zu dir passen könnte.

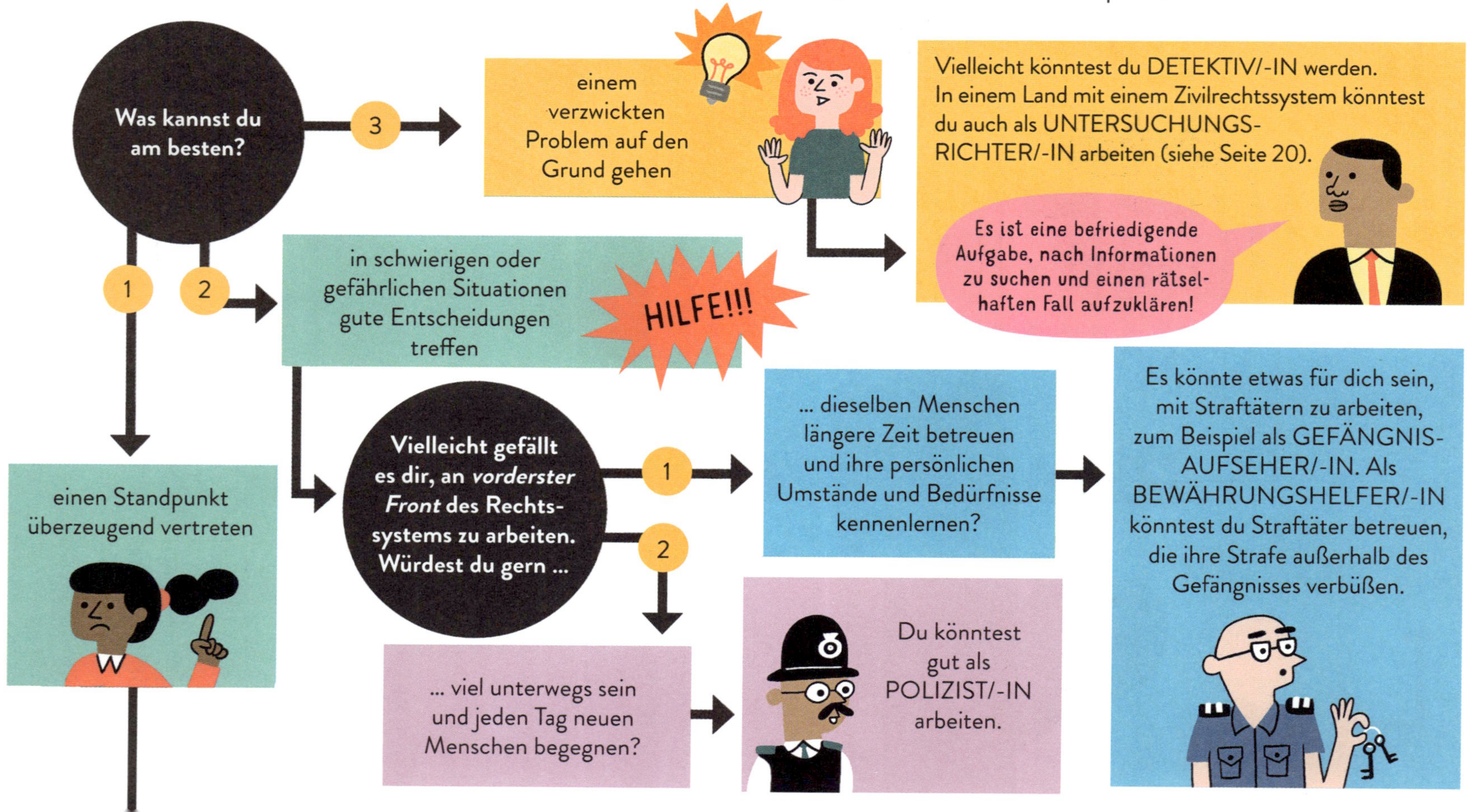

Was kannst du am besten?
3
einem verzwickten Problem auf den Grund gehen
Vielleicht könntest du DETEKTIV/-IN werden. In einem Land mit einem Zivilrechtssystem könntest du auch als UNTERSUCHUNGS-RICHTER/-IN arbeiten (siehe Seite 20).
Es ist eine befriedigende Aufgabe, nach Informationen zu suchen und einen rätselhaften Fall aufzuklären!
2
in schwierigen oder gefährlichen Situationen gute Entscheidungen treffen
HILFE!!!
Vielleicht gefällt es dir, an *vorderster Front* des Rechtssystems zu arbeiten. Würdest du gern …
1
… dieselben Menschen längere Zeit betreuen und ihre persönlichen Umstände und Bedürfnisse kennenlernen?
Es könnte etwas für dich sein, mit Straftätern zu arbeiten, zum Beispiel als GEFÄNGNIS-AUFSEHER/-IN. Als BEWÄHRUNGSHELFER/-IN könntest du Straftäter betreuen, die ihre Strafe außerhalb des Gefängnisses verbüßen.
2
… viel unterwegs sein und jeden Tag neuen Menschen begegnen?
Du könntest gut als POLIZIST/-IN arbeiten.
1
einen Standpunkt überzeugend vertreten

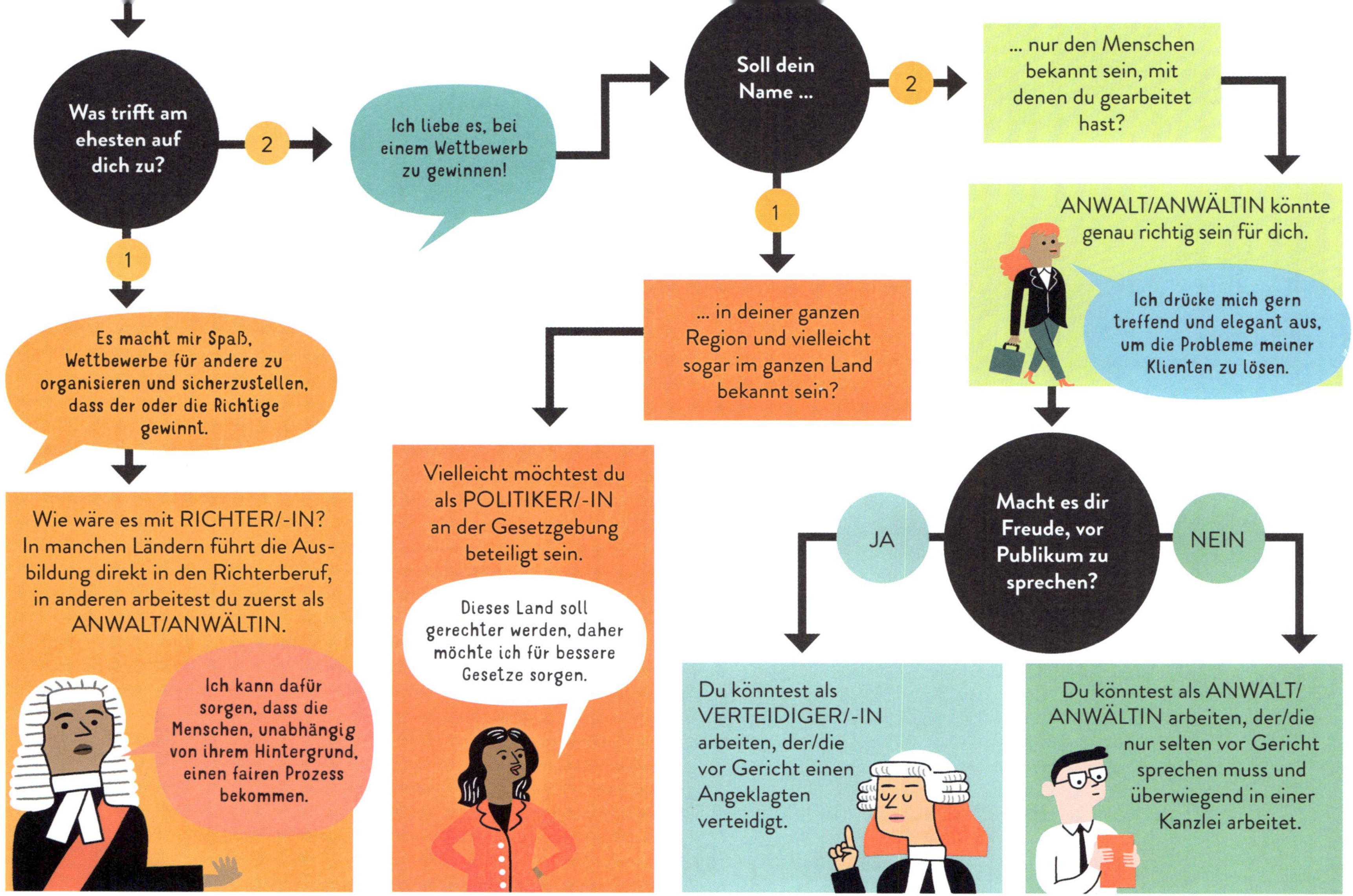

Was trifft am ehesten auf dich zu?
1
Es macht mir Spaß, Wettbewerbe für andere zu organisieren und sicherzustellen, dass der oder die Richtige gewinnt.
Wie wäre es mit RICHTER/-IN? In manchen Ländern führt die Ausbildung direkt in den Richterberuf, in anderen arbeitest du zuerst als ANWALT/ANWÄLTIN.
Ich kann dafür sorgen, dass die Menschen, unabhängig von ihrem Hintergrund, einen fairen Prozess bekommen.
2
Ich liebe es, bei einem Wettbewerb zu gewinnen!
Soll dein Name ...
1
... in deiner ganzen Region und vielleicht sogar im ganzen Land bekannt sein?
Vielleicht möchtest du als POLITIKER/-IN an der Gesetzgebung beteiligt sein.
Dieses Land soll gerechter werden, daher möchte ich für bessere Gesetze sorgen.
2
... nur den Menschen bekannt sein, mit denen du gearbeitet hast?
ANWALT/ANWÄLTIN könnte genau richtig sein für dich.
Ich drücke mich gern treffend und elegant aus, um die Probleme meiner Klienten zu lösen.
Macht es dir Freude, vor Publikum zu sprechen?
JA
Du könntest als VERTEIDIGER/-IN arbeiten, der/die vor Gericht einen Angeklagten verteidigt.
NEIN
Du könntest als ANWALT/ANWÄLTIN arbeiten, der/die nur selten vor Gericht sprechen muss und überwiegend in einer Kanzlei arbeitet.

Kennst du die Namen ...

... Mandela, Gandhi und Veil? All diese inspirierenden Persönlichkeiten aus den vergangenen 150 Jahren waren Anwälte. Sie nutzten ihr Wissen über Recht und Gesetze, um große Veränderungen einzuleiten.

Gandhi inspirierte viele Millionen Menschen dazu, sich der britischen Kolonialmacht in Indien mit gewaltlosem Prostest zu widersetzen.

Ich kämpfte für die Unabhängigkeit meines Landes, indem ich gegen die Gesetze der Briten verstieß und mich friedlich verhaften ließ.

Er überwand seine Furcht vor öffentlichen Reden, als er in Südafrika als Anwalt arbeitete.

Er wurde für seine Aktivitäten viele Male eingesperrt.

Mahatma Gandhi*

Anführer der indischen Unabhängigkeitsbewegung (1869 bis 1948)

*eigentlich Mohandas Karamchand Gandhi

Ich habe mich dafür eingesetzt, dass viele Rechte für Frauen gesetzlich geschützt werden, wozu auch der Zugang zu Verhütungsmitteln gehört.

Er erhielt 1990 den Friedensnobelpreis, da er ein friedliches Ende des Kalten Kriegs zwischen der Sowjetunion, den USA und ihren Alliierten herbeiführte.

Michail Gorbatschow

russischer Präsident (geboren 1931)

Simone Veil

französische Juristin und Politikerin (1927 bis 2017)

Mein ganzes Leben lang habe ich die Opfer von Menschenrechtsverletzungen verteidigt.

Er arbeitete als Anwalt, bevor er Politiker wurde.

Als Präsident erließ ich Gesetze für eine erschwingliche Gesundheitsversorgung und legalisierte die gleichgeschlechtliche Ehe.

Shirin Ebadi

Menschenrechtsaktivistin und erste Richterin in Iran (geboren 1947)

Barack Obama

erster schwarzer Präsident der USA (geboren 1961)

Als Justizministerin verabschiedete ich 1950 das Eherecht, welches Zwangsehen gesetzlich untersagte und die Rechte von Frauen verbesserte.

Sie führte in den 1930er-Jahren ihre eigene Anwaltskanzlei in Shanghai.

Shi Lang

chinesische Anwältin und Justizministerin (1900 bis 1985)

Erinnerst du dich an mich? Ich war Rechtsanwalt im Fall von Linda Brown auf Seite 55, der zur Abschaffung von getrennten Schulen für schwarze und weiße Kinder führte.

Thurgood Marshall

US-amerikanischer Bürgerrechtsanwalt und erster schwarzer Richter am Obersten Gerichtshof der USA (1908 bis 1993)

Nelson Mandela führte den Widerstand gegen die sogenannte Apartheid in Südafrika – das politische System der Rassentrennung –, die schwarzen Menschen viele Rechte verweigerte.

Er gründete die erste Anwaltskanzlei in Südafrika, die allein von Schwarzen geführt wurde.

Ich war 27 Jahre im Gefängnis, weil ich die Apartheid abschaffen wollte. Als ich im Jahr 1990 freigelassen wurde, ebnete ich den Weg für ein Ende der weißen Vorherrschaft und für einen friedlichen Wiederaufbau unseres Landes.

1993 wurde ihm der Friedensnobelpreis verliehen.

Nelson Mandela

revolutionärer Anführer und erster schwarzer Präsident Südafrikas (1918 bis 2013)

Es gibt heutzutage viele Anwälte, die sich für eine bessere Welt einsetzen. Wer weiß, vielleicht gehört dein Name eines Tages auch zu dieser Liste ...

Yetnebersh Nigussie ist Mitbegründerin des *Ethiopian Center for Disability and Development* (ECDD), das sich für die Inklusion von Menschen mit einer Behinderung einsetzt.

Lewis Pugh ist ein Anwalt für Seerecht, der dazu beitrug, dass im Antarktischen Ozean das bislang größte Meeresschutzgebiet entstand.

Ana María Arboleda Perdomo ist Direktorin der *Fundación ProBono Colombia*, die rechtliche Unterstützung für Menschen bereitstellt, die sich keine juristische Hilfe leisten können.

Warum Recht und Gesetze wichtig sind

Wenn du dieses Buch gelesen hast, weißt du, dass Recht und Gesetze uns alle betreffen. Das Gesetz bestimmt, was Menschen tun dürfen und was nicht. Es regelt außerdem, was passiert, wenn Dinge falsch laufen. Daher ist es wirklich wichtig, Recht und Gesetze zu verstehen. Nur dann können wir sicherstellen, dass sie für alle gelten.

Worterklärungen

Hier findest du Erklärungen für einige Begriffe, die in diesem Buch vorkommen. Wörter in *kursiver* Schrift werden in anderen Einträgen erläutert.

Abkommen: Oftmals ein *Vertrag* zwischen Regierungen oder Ländern bzw. Staaten.

Angeklagter/-e: Eine Person, die beschuldigt wird, eine Straftat begangen zu haben, aber noch nicht schuldig gesprochen wurde.

Anhörung: Eine Sitzung, die einem *Gerichtsverfahren* ähnelt, aber meist kürzer und weniger förmlich ist.

Berufung: Wenn eine Entscheidung von einem *Gericht* niedrigerer Instanz durch ein höheres Gericht überprüft wird.

Beweismittel: Alles, was dazu beiträgt, in einem *Gerichtsverfahren* die Wahrheit zu ermitteln.

Diskriminierung: Ungerechte Behandlung von bestimmten Personen oder Personengruppen, z. B. wegen ihres Geschlechts oder ihres Alters.

Entschädigung: Oftmals eine Geldsumme, die an Opfer gezahlt wird, um einen Schaden wiedergutzumachen.

Gericht: Ein Ort oder eine Gruppe von Personen, z. B. *Richter* oder *Geschworene*, die befugt sind, ein *Gerichtsverfahren* abzuhalten.

Gerichtsverfahren: Wenn Menschen zusammenkommen, um einen Fall zu verhandeln, über den am Ende in der Regel ein *Gericht* entscheidet.

Geschworene: Eine Gruppe von zufällig ausgewählten Personen, die in manchen *Gerichtsverfahren* das *Urteil* fällen.

jemanden strafrechtlich verfolgen: Wenn eine Person, die angeklagt ist, eine Straftat begangen zu haben, vor *Gericht* gebracht wird.

jemanden verklagen: Wenn eine Person oder eine Organisation nach dem *Zivilrecht* angeklagt wird, etwas Bestimmtes getan zu haben.

Menschenrechte: Rechte, die jeder Mensch aufgrund seines Menschseins hat, z. B. das Recht auf Nahrung und Wohnen.

Oberster Gerichtshof: In vielen Ländern die oberste Instanz mit den höchsten *Richtern*.

Plädoyer: Schlussvortrag von Staatsanwalt und Verteidiger in einem *Gerichtsverfahren*, vor dem letzten Wort des *Angeklagten*.

Prozesskostenhilfe: Wenn Menschen Geld vom Staat bekommen, mit dem sie ihre Gerichts- und Anwaltskosten bezahlen können.

Richter/-in: Eine Person, die einem *Gericht* vorsitzt und im Namen des Gesetzes Entscheidungen trifft.

Richterrecht und Fallrecht: Ein System von Gesetzen, das auf den Entscheidungen von *Richtern* in früheren *Gerichtsverfahren* basiert.

Schöffen: Ehrenamtliche *Richter*, die im Hauptverfahren von Strafprozessen mitwirken.

Strafe: Eine Maßnahme oder Sanktion (z. B. das Bezahlen einer Geldstrafe) für eine Person, die etwas getan hat, was gegen das Gesetz verstößt.

Strafrecht: Gesetze, nach denen bestimmte Taten Straftaten sind und bestraft werden.

Urteil: Die endgültige Entscheidung in einem *Gerichtsverfahren*, die in der Regel von einem *Richter* oder den *Geschworenen* getroffen wird.

Verfassung: Die Gesamtheit von grundlegenden Regeln und Gesetzen, nach denen eine Organisation oder ein Land geführt wird. Sie ist das oberste Gesetz eines Landes.

Vertrag: Eine Vereinbarung zwischen Personen, etwas zu tun oder nicht zu tun.

Zeuge/Zeugin: Eine Person, die in einem *Gerichtsverfahren* Fragen zum Fall beantworten muss.

Zivilrecht: Gesetze, die die Beziehungen zwischen natürlichen Personen, Unternehmen und Organisationen regeln.

Register

Impressum

Text:
Rose Hall und Lara Bryan

Illustrationen:
Miguel Bustos und Anna Wray

Redaktion: Alex Frith
Redaktionsleiterin:
Jane Chisholm

Gestaltung:
Freya Harrison
Leiter der Gestaltung:
Stephen Moncrieff

Rechtsexperten:
Natasha Jackson
und Will Martin

Zusätzliche Illustrationen:
Ian McNee

Beratung für
die deutsche Ausgabe:
Gerhard Rohm
(Rechtsanwalt und
Fachanwalt für Strafrecht)

Übersetzung aus
dem Englischen: Jutta Vogt
Satz der deutschen Ausgabe:
Tanja Haaf
Redaktion der deutschen
Ausgabe: Claudia Fahlbusch

Projektbetreuung: Ulrike Bonk, Eva Rojas,
Danica Utermöhlen und Birgit Zimmerer

Mit Dank an Peri Cheal,
Beth Cox und Emily Frith

Dieser Abschnitt ist eine rechtliche Absicherung, damit andere Personen die Worte und Bilder in diesem Buch nicht kopieren und als ihre eigene Arbeit ausgeben.

1. Auflage 2022